Ensaios sobre o capitalismo no século XX

FUNDAÇÃO EDITORA DA UNESP

Presidente do Conselho Curador
Herman Jacobus Cornelis Voorwald

Diretor-Presidente
José Castilho Marques Neto

Editor-Executivo
Jézio Hernani Bomfim Gutierre

Conselho Editorial Acadêmico
Alberto Tsuyoshi Ikeda
Áureo Busetto
Célia Aparecida Ferreira Tolentino
Eda Maria Góes
Elisabete Maniglia
Elisabeth Criscuolo Urbinati
Ildeberto Muniz de Almeida
Maria de Lourdes Ortiz Gandini Baldan
Nilson Ghirardello
Vicente Pleitez

Editores-Assistentes
Anderson Nobara
Henrique Zanardi
Jorge Pereira Filho

UNICAMP

Reitor
Carlos Henrique de Brito Cruz

Vice-Reitor
José Tadeu Jorge

INSTITUTO DE ECONOMIA

Diretor
Márcio Percival Alves Pinto

Comissão de Publicações
Márcio Percival Alves Pinto (Coordenador)
José Ricardo Barbosa Gonçalves
Waldir José de Quadros
Ricardo de Medeiros Carneiro

Luiz Gonzaga de Mello Belluzzo

Ensaios sobre o capitalismo no século XX

SELEÇÃO E ORGANIZAÇÃO
Frederico Mazzucchelli

© 2004 Editora UNESP

Direitos de publicação reservados à:

Fundação Editora da UNESP (FEU)
Praça da Sé, 108
01001-900 – São Paulo – SP
Tel.: (0xx11) 3242-7171
Fax: (0xx11) 3242-7172
www.editoraunesp.com.br
www.livrariaunesp.com.br
feu@editora.unesp.br

CIP – Brasil. Catalogação na fonte
Sindicato Nacional dos Editores de Livros, RJ

B388e

Belluzzo, Luiz Gonzaga de Mello, 1942-
    Ensaios sobre o capitalismo no século XX / Luiz Gonzaga de Mello Belluzzo; seleção e organização Frederico Mazzucchelli. – São Paulo: Editora UNESP: Campinas, SP: UNICAMP, Instituto de Economia, 2004.

    Conteúdo parcial: O futebol
    Inclui bibliografia
    ISBN 85-7139-544-6

    1. Capitalismo. 2. Economia. 3. Relações econômicas internacionais.
I. Mazzucchelli, Frederico. II. Título.

04-2602   CDD 330.122
                                                           CDU 330.342.14

Editora afiliada:

Sumário

Apresentação 9

Parte I
História

1 O inimigo assusta os mercados 13
2 Vãs ilusões do iluminismo bastardo 25
3 O fim da moral vitoriana 29
4 Reestruturação capitalista 33
5 Certezas graníticas 37
6 As máscaras do imperialismo 41
7 A economia no Estado nazista 47
8 Promiscuidade histórica 53
9 As voragens da história 57
10 O mercado e os direitos sociais 63

Parte II
O mal-estar da globalização

1 O teorema de Scalfari   69

2 Viagem pela realidade imaginária   73

3 A globalização da estupidez   77

4 As críticas e o silêncio   81

5 Globalização e inserção nacional   85

6 Surfistas ideológicos   89

7 O mal-estar da globalização   93

8 O renascimento do *Homo oeconomicus*   97

9 O caminho dos bem-sucedidos   101

10 Dinamismo e dinamite   105

11 O ouro dos trouxas   109

12 A ditadura dos mercados   113

13 A mão invisível ataca no trópico   117

14 Democracia e capitalismo   121

15 Nostalgia do futuro   125

16 O porrete da liberdade   131

17 Estado de direito e capitalismo destravado   135

Parte III
Críticos

Keynes

1 Abismos de ambição e medo   143

2 Disciplina preventiva   147

3 Uma nova chance para Keynes   151

4 O forró dos emergentes   155

5 Cálculos certeiros   159

Ensaios sobre o capitalismo no século XX

6 Saint John Maynard Keynes 163

7 Antepassados e contemporâneos da senhora Krueger 167

Marx

8 O velho Marx e o rapaz Chesnais 173

9 Seattle: os pobres dos ricos 177

10 Fábrica de tragédias 181

11 Os críticos e as reformas 185

Polanyi

12 No vértice da Grande Transformação 191

13 O moinho satânico 195

Hobson

14 Capitalismo fictício 201

Gray

15 Odores desagradáveis no ar 207

16 Desigualdade e insegurança na economia global 211

Parte IV
O futebol

1 Ademir da Guia 217

2 Superioridade definitiva 221

3 *C'era una volta l'America* 223

4 Canhoteiro 227

Referências temáticas 233

Apresentação

Dispenso-me de tecer considerações sobre a obra do Professor Belluzzo. A importância de reunir, em livro, parte dos artigos que publicou na imprensa pareceu-me imperiosa. Conhecendo suas incontáveis atribuições e seu espírito inquieto, não me restaram dúvidas que estes trabalhos se perderiam no tempo... Foram consultados mais de 150 artigos escritos entre 1996 e 2003. Após a indispensável seleção e organização temática, tomei a liberdade (concedida pelo autor) de fundir alguns artigos correlatos. Em tais casos são apresentadas as referências devidas.

Vários artigos reproduzem trechos de seus ensaios "acadêmicos", o que, a meu juízo, é a prática correta de um intelectual que pretende debater suas ideias além das fronteiras da Universidade. Os artigos de imprensa, ocioso dizê-lo, não substituem os ensaios. Deles decorrem, ao mesmo tempo em que os estimulam.

A presente edição foi estruturada em quatro partes:

a) artigos em que são discutidas as principais inflexões históricas do capitalismo no século XX;

b) artigos que analisam, de uma perspectiva mais ampla, as transformações recentes do capitalismo;

c) artigos que tratam dos principais pensadores críticos do capitalismo;

d) quatro artigos em que o autor extravasa sua paixão pelo futebol.

Os artigos são apresentados em sua ordem cronológica de aparição, à exceção de "O inimigo assusta os mercados", que abre a primeira parte, referente às discussões históricas.

No final do livro é apresentado um roteiro temático da obra do Professor Belluzzo, que visa facilitar aos estudiosos e pesquisadores a consulta de seus textos.

Frederico Mazzucchelli

Parte I
História

1
O inimigo assusta os mercados*

O último livro de Carlos Fuentes, *Os anos de Laura Diniz*, é um romance. O principal personagem é o século XX. Sobre ele, diz o autor:

> Há uma evidente crise universal da civilização urbana. Hoje, os países do Primeiro Mundo têm o seu Terceiro Mundo dentro. E países do Terceiro Mundo têm o seu Primeiro Mundo embutido... A novidade é que existem mais terceiros mundos dentro dos primeiros. É o mundo dos guetos, do descuido com a velhice, da misogenia, da homofobia, dos preconceitos, da falta de infraestrutura, da educação em declive, do crime, da insegurança, da droga.

---

* Publicado originalmente em *CartaCapital*, 26 set. 2001. Este artigo contém passagens de: Assim caminha a humanidade. *Folha de S.Paulo*, 22 abr. 1998.

O século XIX e a Primeira Guerra

É fácil estar de acordo com esse diagnóstico. Mas sua obviedade é enganosa. Se o século XX terminou os seus dias com uma herança de incertezas mais dolorosa do que o legado que teria recebido do século XIX, é bom não esquecer: o novecentos foi também o século da defesa republicana dos direitos sociais e econômicos, da convivência e da pertinência cívicas e, portanto, do Estado-nação, enquanto espaço político dessas conquistas.

O século XIX pode ser apresentado, sob forte risco de simplificação, como a era em que floresceu e se consolidou a crença iluminista no poder da razão e na irreversibilidade do progresso. Terminou em 1914, quando as ilusões do progressismo burguês foram arrastadas à realidade: a carnificina da Primeira Guerra Mundial e a instabilidade econômica dos anos 20, coroadas com a Grande Depressão dos anos 30, acabaram destroçando a Ordem Liberal.

O equilíbrio entre as potências e o padrão-ouro clássico foram as marcas registradas do apogeu da Ordem Liberal Burguesa, um conjunto de práticas e instituições encarregadas da coordenação de um arranjo internacional que abrigava forças contraditórias: a hegemonia financeira inglesa, exercida por meio do seu poderoso sistema bancário internacionalizado; a exacerbação da concorrência entre a Inglaterra e as "novas" economias industriais dos *trustes* e da grande corporação, nascidos na Alemanha e nos Estados Unidos; a exclusão das massas trabalhadoras do processo político (inexistência do sufrágio universal) e a constituição de uma periferia "funcional", fonte produtora de alimentos, matérias-primas e, sobretudo, fronteira de expansão dos sistemas de crédito dos países centrais.

Os historiadores reconhecem que a guerra de 1914-1918 foi uma novidade, se comparada com os conflitos anteriores. O conflito não foi apenas mundial, por conta do número de países envolvidos, mas também total: pela primeira vez as economias nacionais – sobretudo seu potencial industrial – foram convertidas ao esforço de guerra e os governos obrigados a abandonar de fato a conversibilidade e as regras do padrão-ouro, conceber esquemas de financiamento pouco ortodoxos e planejar a mobilização de recursos para enfrentar as exigências das frentes de batalha.

Karl Polanyi diz que os economistas liberais (como sempre) consideravam o padrão-ouro uma construção puramente econômica e se negavam a vê-lo como uma instituição social e política. Já nos estertores do século XIX, por detrás das harmonias econômicas e das *ententes*, vicejavam com força crescente as rivalidades econômicas, avançavam as práticas protecionistas galopantes e se sucediam os episódios de nacionalismo xenófobo e de racismo antissemita. "J'accuse", proclamou Émile Zola diante da farsa do Caso Dreiffus, um oficial do Exército condenado por traição e colaboração com os alemães.

Os anos 20 e 30

Nos escritos que sucederam à paz de Versalhes e que antecederam a crise de 1929, Keynes tentou explicar, de um ponto de vista britânico, que os pressupostos mencionados da Ordem Liberal Burguesa não mais subsistiam e que a insistência em tentar reanimá-los só daria sustentação e fôlego à instabilidade e à desordem monetária e financeira.

Na verdade, a tentativa de ressuscitar o padrão-ouro, na década de 1920, foi como uma tentativa de "fazer o relógio andar para trás". A Grã-Bretanha havia perdido a liderança financeira para os Estados Unidos, uma economia continental que ainda não podia desempenhar o mesmo papel internacional da sua predecessora.

Além disso, a rivalidade entre as grandes potências industriais havia se acentuado, as massas trabalhadoras foram despertadas durante a guerra para a sua importância social e política e, finalmente, havia se dissipado o clima de cooperação entre os bancos centrais que permitira o bom funcionamento do padrão-ouro.

Keynes advertiu que o grau em que uma economia, individualmente, é capaz de, ao mesmo tempo, manter as condições de estabilidade interna e o equilíbrio de sua posição internacional depende de seu poderio financeiro.

Depois da Primeira Guerra Mundial, os Estados Unidos estavam em condições de ignorar o seu desequilíbrio externo por um longo período de tempo, em proveito da estabilidade interna, enquanto a Grã-Bretanha podia ser tomada como exemplo de um país obrigado a conceder atenção prioritária à situação externa de sua economia, em detrimento do desempenho doméstico.

As classes dirigentes e dominantes aparentemente negligenciaram a natureza essencialmente política do padrão-ouro, ao tentar restabelecê-lo, sob a forma do *Gold Exchange Standard*, a qualquer custo, na posteridade da Primeira Grande Guerra.

Por isso, nesse período, a economia mundial se tornou palco de rivalidades nacionais irredutíveis, que se desenvolveram sem peias, na ausência de um núcleo hegemônico e de mecanismos de coordenação capazes de conter as desesperadas iniciativas para escapar dos efeitos das crises.

Esse foi o caso das desvalorizações competitivas das taxas de câmbio. Cada um pretendia ganhar o mercado do vizinho e o resultado foi a brutal contração do comércio internacional e a transmissão de tensões nos mercados financeiros. As ondas de instabilidade propagavam-se sem qualquer resistência, disseminando a deflação de preços dos bens e a desvalorização da riqueza.

Diante dos desequilíbrios financeiros dos anos 20, nascidos das reparações lançadas contra a Alemanha derrotada e da volta precipitada ao padrão-ouro, o projeto do governo republicano dos Estados Unidos era concentrar nas mãos dos grandes bancos privados americanos a responsabilidade pelos financiamentos "de última instância". A ação do Banco Morgan foi, aliás, o sinal para a "explosão" dos financiamentos de curto prazo americanos para a Europa, sobretudo para a Alemanha.

Ensaios sobre o capitalismo no século XX

A Grande Depressão e a experiência do nazifascismo colocaram sob suspeita as pregações que exaltavam as virtudes do liberalismo econômico. Frações importantes das burguesias europeia e americana tiveram de rever seu patrocínio incondicional ao ideário do livre mercado e às políticas desastrosas de austeridade na gestão do orçamento e da moeda, diante da progressão da crise social e do desemprego. A contração do comércio mundial, motivada pelas desvalorizações competitivas e pelos aumentos de tarifas, como foi o caso da Lei Smoot-Hawley nos Estados Unidos, provocou uma onda de desconfiança contra as proclamadas virtudes do livre-comércio e deu origem a práticas de comércio bilateral e à adoção de controles cambiais. Na Alemanha nazista, esses métodos de administração cambial incluíam a suspensão dos pagamentos das reparações e dos compromissos em moeda estrangeira, nascidos do ciclo de endividamento que se seguiu à estabilização do marco em 1924.

Assim que a coordenação do mercado deixou de funcionar, setores importantes das hostes conservadoras, não só da Alemanha, aderiram aos movimentos fascistas e à estatização impiedosa das relações econômicas, como último recurso para escapar à devastação de sua riqueza. Em sua essência, essas reações foram essencialmente políticas, no sentido de que envolveram a tentativa de submeter os processos supostamente impessoais e automáticos da economia ao controle consciente da sociedade. Com o colapso dos mecanismos econômicos, a politização das relações econômicas tornou-se inevitável.

A ordem de Bretton Woods

As consequências da Grande Depressão dos anos 30 e da Segunda Guerra Mundial foram tão devastadoras dos pontos de vista econômico, social, moral e político, que as forças antifascistas vitoriosas trataram de criar instituições para disciplinar e

17

organizar o sistema econômico internacional, organizando a Conferência de Bretton Woods, em 1944.

É indiscutível que, imediato pós-guerra, a hegemonia americana foi exercida de forma benigna, não só por razões de ordem externa, mas também interna: as forças políticas e sociais que nasceram do *New Deal* tinham uma visão cosmopolita e progressista a respeito do papel dos EUA. Assim nasceram o Plano Marshall, a União Europeia de Pagamentos e as iniciativas de reestruturação da economia japonesa.

É fácil afirmar que os Estados Unidos coordenaram a construção da nova ordem internacional em defesa de seus próprios interesses, mas esses objetivos foram buscados sob a influência da filosofia moral e política do *New Deal*. O pleno emprego foi colocado como uma meta a ser perseguida pelas políticas econômicas para evitar desgraças causadas por políticas tolas do liberalismo a qualquer preço.

O que hoje seria considerado um erro fatal e imperdoável – a forte participação do Estado – foi, na verdade, o núcleo das políticas que deram origem a uma era de crescimento, igualdade e bem-estar. A intervenção pública destinava-se a impedir flutuações bruscas da economia, garantir a segurança dos mais fracos e prevenir as incertezas inerentes ao funcionamento dos mercados. Os sistemas financeiros, por exemplo, estavam voltados para o financiamento do crescimento econômico, sob os auspícios de políticas monetárias acomodatícias. Mas a chamada "era dourada" do capitalismo estava fundada sobretudo na ideia de que a solidariedade deve suplantar a competição. Isso levou à busca da articulação de interesses entre trabalhadores e capitalistas, à construção de instituições e de práticas destinadas a reduzir a angústia de quem se propõe a enfrentar os azares do mercado. As políticas keynesianas tinham o propósito declarado de criar emprego e elevar, em termos reais, os salários e demais remunerações do trabalho.

Apesar da forte presença do gasto público, os déficits não só eram raros como também passageiros, porque o rápido crescimento das economias provocava o aumento da renda e da arrecadação. Os déficits crônicos surgem mais tarde, no final dos anos 60, quando ocorre o rompimento do círculo virtuoso entre gasto público, investimento privado e expansão da renda e do emprego.

O fim do consenso keynesiano

Diga-se, aliás, que as coalizões progressistas que prevaleceram no imediato pós-guerra foram enfraquecendo-se paulatinamente, em boa medida por conta do seu próprio sucesso. Sucesso "interno", expresso na elevação do padrão de vida das massas. Sucesso "externo", que podia ser aferido pela rápida e intensa recuperação da Europa e do Japão. Nos Estados Unidos, os ideais do *New Deal* foram perdendo legitimidade, não só em razão da Guerra Fria, mas também porque os valores da concorrência e do individualismo foram suplantando os da solidariedade. Do plano interno, essas tendências foram transportando-se para as relações internacionais, em decorrência das dificuldades crescentes da economia americana diante da emergência do Japão e da Europa reconstruídos.

Japão e Alemanha, em verdade, reconstruíram sistemas industriais e empresariais mais novos e mais permeáveis a mudanças tecnológicas e organizacionais e os novos industrializados da periferia ganharam maior espaço no volume crescente do comércio mundial. Não por acaso, o saldo negativo do balanço de pagamentos americano mostrou, a partir do início dos anos 70, uma participação cada vez mais importante do déficit comercial. Durante os anos 50 e 60, a balança comercial americana foi sistematicamente superavitária, a despeito da posição deficitária do balanço global. As inevitáveis pressões sobre o dólar se intensificaram e, já em 1971, Nixon suspendeu a conversibilidade do dólar a uma taxa fixa com o ouro. Em 1973, o sistema de paridades fixas, mas ajustáveis, foi substituído por um sistema de flutuações sujas.

Do ponto de vista da composição dos interesses no interior do Estado americano, cumpre observar que o *establishment* financeiro jamais se conformou com a regulamentação imposta aos bancos e às demais instituições não bancárias pelo *Glass-Steagall Act* no início dos anos 30. Também foi grande a resistência dos negócios do dinheiro às propostas de Keynes e de Dexter White, em Bretton Woods, para a reforma do sistema monetário internacional.

As políticas americanas de resposta às ameaças contra a hegemonia do dólar estavam associadas à recuperação do predomínio da alta finança na hierarquia de interesses que se digladiam no interior do Estado plutocrático americano. É desse ponto de vista que devem ser analisadas as mudanças na política econômica americana entre os anos 70 e 80.

Tais mudanças devem ser entendidas como um dos fatores centrais que determinaram os movimentos de internacionalização financeira gestados pela desorganização do sistema monetário e de pagamentos. No crepúsculo dos anos 60, a desorganização progressiva do sistema de regulação de Bretton Woods recebeu uma contribuição decisiva com o aumento de operações de empréstimos/depósitos no euromercado que escapavam ao controle dos bancos centrais.

A reafirmação da supremacia americana

Ao impor a regeneração do papel do dólar como *standard* universal, mediante uma elevação sem precedentes das taxas de juros em 1979, os Estados Unidos, além de deflagrarem uma crise de liquidez para os devedores, deram o derradeiro golpe no estado de convenções que sustentara a estabilidade relativa do pós-guerra. *Foi o começo do fim da hegemonia benigna.*

Não há dúvida de que o gesto americano de subir unilateralmente as taxas de juros em outubro de 1979 foi tomado por seus parceiros como uma atitude unilateral, no propósito de resgatar a supremacia do dólar como moeda reserva. O fortalecimento do dólar havia se transformado, então, numa questão vital para a manutenção da liderança do sistema financeiro e bancário americano, no âmbito da concorrência global.

Desde então, as políticas econômicas dos demais países, aí incluídos a Alemanha e o Japão, tiveram de se submeter crescentemente aos mandamentos do dólar forte. A América Latina, endividada, submergiu numa montanha de débitos impagáveis. A Europa e o Japão apoiaram fortemente seus crescimentos nas exportações, diante da rápida ampliação do déficit comercial americano. Na sequência, o Acordo do Plaza em 1985, que antecedeu a desvalorização ordenada da moeda americana, depois da escalada de apreciação do início dos anos 80, colocou de joelhos os japoneses. A Europa, de maneira geral, adotou, diante das novas circunstâncias políticas de austeridade, a chamada desinflação competitiva, cujo preço, como todos sabem, foi alto em termos de baixo crescimento e elevadas taxas de desemprego.

O potencial de conflito não é desprezível, ainda que edulcorado pela ideia bastante estranha de que ingressamos no caminho sem volta da harmonia universal. O que se esboça, outra vez, tal como na primeira metade do século XX, é a rivalidade crescente entre as economias centrais comandadas pela grande empresa e pelos funcionários das enormes massas de capital-dinheiro, sob o amparo de seus respectivos Estados nacionais.

Há uma confusão muito grande por aí acerca das limitações impostas pelos mercados ao raio de manobra dos Estados nacionais e da impossibilidade de se realizar políticas domésticas. Essas concepções decorrem da conformação política e econômica da atual ordem internacional. Essa limitação crescente da ação dos Estados é, naturalmente, muito desigual, não se dá com a mesma intensidade para todos. Em primeiro lugar, trata-se da reafirmação da hegemonia de um país, de um Estado nacional.

Em vez da vitória dos mercados, em que prevalece o automatismo da concorrência perfeita, estamos assistindo à reiteração da "politização" da economia. As transformações em curso não se propõem a reduzir o papel do Estado, nem enxugá-lo, mas almejam aumentar sua eficiência na criação de "externalidades" positivas para a grande empresa envolvida na competição generalizada. Em alguns países, como nos Estados Unidos, o deslocamento do eixo das políticas do Estado é de uma evidência chocante, como inequívoco enfraquecimento das políticas sociais.

As reformas liberalizantes são, neste contexto, emanações dos organismos internacionais cada vez mais comandados pelos Estados Unidos, como Bird, FMI, BID, a própria OCDE, que se encarregam de espalhar pelo mundo afora os cânones da nova fé, a palavra de Roma.

Instabilidade

Essas transformações nos mercados financeiros e nas normas da concorrência estão submetendo, de fato, as políticas macroeconômicas nacionais à tirania de expectativas volúveis. Não foram poucos os ataques especulativos contra paridades cambiais, os episódios de deflação brusca de preços de ativos reais e financeiros, bem como as situações de *periclitação* dos sistemas bancários.

Até agora, essas situações foram contornadas pela ação de última instância de governos e bancos centrais dos países desenvolvidos. Apesar disso, sucedem-se as crises cambiais e financeiras, cuja saída vem exigindo sacrifícios em termos de bem-estar da população e de renúncia de soberania na condução de suas políticas econômicas.

A inserção dos países nesse processo de globalização, conforme salientado, é assimétrica. Os Estados Unidos, usufruindo seu poder militar e financeiro, dão-se ao luxo de impor a dominância de sua moeda, ao mesmo tempo em que mantêm um déficit elevado e persistente em conta corrente e uma posição devedora externa. Os possuidores de riqueza estavam dispostos a aceitar, pelo menos até agora, que os Estados Unidos pudessem exercer, dentro de limites elásticos, o privilégio da *seignorage*.

Onze de setembro
e o porto seguro dos títulos americanos

Depois do ataque terrorista a polarização da confiança no dólar e nos mercados financeiros americanos está ameaçada. A intensidade do choque vai depender da dissipação das incertezas causadas pela agressão. É a crença no *safe haven* que está em questão. Prolongar e estimular as tensões não parece salutar para os mercados financeiros. Na Guerra do Golfo, a vitória militar foi clara, poucas foram as baixas americanas e, apesar do clima recessivo, a economia estava começando a dar sinais de vida. Agora, não será possível tão cedo proclamar uma vitória inequívoca, capaz de garantir a incolumidade do território americano.

O capital globalizado contava, nos Estados Unidos, com um mercado amplo e profundo, onde imaginava poder descansar das aventuras em praças exóticas. A existência de um volume respeitável de papéis do governo americano, reputados por seu baixo risco e excelente liquidez, tem permitido que a reversão dos episódios especulativos, com ações, imóveis ou ativos estrangeiros, seja amortecida por um movimento compensatório no preço dos títulos públicos americanos.

Os títulos da dívida pública americana, desmentindo as previsões dos privatistas, ainda são vistos como um refúgio seguro nos momentos em que a confiança dos investidores globais é abalada. Isso significa que o fortalecimento da função de reserva universal de valor, exercida pelo dólar, decorre fundamentalmente do papel crucial desempenhado pelo Estado americano como prestamista e devedor de última instância.

É por isso que as oscilações das taxas de juros de longo prazo, que exprimem as variações de preços dos títulos de trinta anos do Tesouro americano, são, hoje, o indicador mais importante do estado de espírito dos mercados globais. Seus movimentos refletem as antecipações dos administradores das grandes massas de capital financeiro a respeito da evolução do valor e do risco de suas carteiras, que tomam as variações de preços dos títulos do Tesouro como base para fazer antecipações sobre evolução provável dos preços e da liquidez dos diferentes ativos, denominados em moedas distintas.

As necessidades de liquidez têm sido atendidas pela ação pronta do Federal Reserve e do Banco Central europeu. Mas a normalização da situação dos mercados de ações e de dívidas depende das conjeturas dos possuidores de riqueza acerca da evolução do preço dos ativos.

Depois de um ciclo exuberante de valorização e diante de uma eventual escalada da violência, os investidores podem tomar a grana e esperar dias melhores ou, num momento de incerteza aguda, buscar outros refúgios para proteger a sua riqueza.

A reação dos mercados tende a ser muito elástica às antecipações pessimistas. As opiniões dominantes são, nesta etapa, aquelas que se aferram à defesa do valor real da riqueza já existente, ou da riqueza velha, em detrimento do espírito empreendedor que busca a criação de nova riqueza.

2
Vãs ilusões do iluminismo bastardo*

As altas taxas de desemprego, a crescente insegurança e precariedade das novas formas de ocupação, a queda dos salários reais, a exclusão social, estes são os espectros que rondam, não só a Europa, mas também outras partes do mundo, neste final de século. Um panorama sombrio, mas as perspectivas não são menos desalentadoras. Os governos, os sindicatos, os organismos internacionais e os cidadãos estão ou parecem estar cada vez mais preocupados e a cada dia mais impotentes diante das tendências da economia capitalista contemporânea, que, anêmica, exibe taxas de crescimento decepcionantes, exceção feita, pelo menos até agora, aos híbridos asiáticos de aparição mais recente.

As taxas de investimento em declínio revelam expectativas mornas das empresas quanto ao futuro. Na verdade, apenas os

---

* Publicado originalmente em *CartaCapital*, 29 mar. 1996.

mercados financeiros exibem vitalidade, ainda gozando os efeitos da desregulamentação, da descompartimentalização e da desintermediação/securitização, que acarretaram uma fantástica mobilidade dos capitais entre as diferentes praças, permitiram uma incrível velocidade da inovação, sustentando elevadas taxas de valorização dos ativos e facilitando as fusões e aquisições de empresas em todos os setores. O movimento de centralização do capital produtivo na escala mundial suscita duas consequências: surtos intensos de reorganização e enxugamento com efeitos negativos sobre o emprego e a redução do volume de ações no mercado, ensejando novas ondas de valorização.

Este clima de alarmante mediocridade e patrimonialismo improdutivo contrasta fortemente com a realidade do desenvolvimento das economias capitalistas durante os trinta anos gloriosos, na posteridade da Segunda Guerra Mundial. Nesse período, particularmente nas décadas de 1950 e 1960, as altas taxas de crescimento do produto foram acompanhadas de rápidos incrementos da produtividade, elevação dos salários reais, reduzidas taxas de desemprego, ampliação do consumo de massa e criação de abrangentes sistemas de proteção ao bem-estar dos trabalhadores e dos cidadãos.

Descontadas as idealizações nostálgicas, o desempenho conjunto das economias capitalistas naquela etapa – tanto no centro quanto na periferia – tem sido avaliado como sensivelmente superior ao comportamento dos últimos vinte anos. Não sem razão, cunhou-se a expressão "era dourada" para qualificar esta saga gloriosa do capitalismo.

Apesar deste sucesso do capitalismo domesticado e impulsionado pela ação do Estado, os reformistas de hoje não se cansam de afirmar que tudo aquilo não passou de um estrondoso equívoco. Equívoco que fez prosperar o famigerado populismo econômico, uma forma perversa de politização da economia, que habitualmente se traduz na ilusão de que todas as demandas podem ser atendidas, independentemente das restrições orçamentárias.

Pior ainda, o controle político da economia suscitou fortes sentimentos antimercado porque, de alguma forma, os leigos e a população foram um embaraço e não uma solução.

Parafraseando Hobsbawn, a recomendação dos reformistas é "dar adeus a tudo aquilo" e, com urgência, empreender as transformações necessárias para restabelecer o funcionamento dos verdadeiros mecanismos econômicos, os únicos aptos a promover outra vez a estabilidade e o crescimento a longo prazo.

É bom lembrar, no entanto, que a disciplina imposta ao capitalismo pela sociedade e pela política nasceu da trágica experiência do tumultuado período encravado entre as duas guerras mundiais, os anos 20 e 30. Esse intervalo histórico foi marcado por instabilidades monetárias e cambiais avassaladoras, transmissão de tensões por meio dos circuitos financeiros internacionais, disputas comerciais, desemprego em alta. Tudo isso culminou na Grande Depressão, iniciada em 1929, e na violência do nazifascismo que não foi outra coisa senão a vingança brutal da política contra as peripécias cegas do mercado. Tudo isso fez surgir o convencimento de que o capitalismo, entregue à sua própria lógica, era uma ameaça à vida civilizada.

Para quem, no entanto, se apega às ilusões do iluminismo bastardo, hoje tão em voga, e vê a humanidade condenada inexoravelmente ao progresso, não pode ser mais desprezível e ridícula a ideia de que o passado possa rondar sinistramente o futuro do presente.

3
O fim da moral vitoriana*

As relações entre racionalidade econômica e democracia não têm sido muito amistosas. A cordialidade entre ambas não tem ultrapassado a desconfiança e, frequentemente, se transforma em hostilidade aberta. Os economistas costumam ostentar a pose de guardiões da racionalidade e os políticos queixam-se da insensibilidade da lógica econômica ou de seu caráter abstrato, insuportáveis para o homem comum ou para os eleitores que julgam periodicamente o desempenho dos governos.

Na perspectiva da teoria da escolha pública, uma versão sofisticada do pensamento conservador em economia, o problema central que as democracias deverão enfrentar até o fim do século é a inclinação dos governos a trabalhar "no vermelho", em gerar déficits em resposta às demandas dos eleitores ou dos grupos particulares de interesses.

---

* Publicado originalmente em *CartaCapital*, 11 dez. 1996.

Esta propensão ao déficit, ou seja, a débil resistência às pressões dos eleitores, deve ser atribuída ao desaparecimento de regras impessoais de gestão monetária, como as que prevaleciam na vigência do padrão-ouro e ao debilitamento dos princípios da moral vitoriana. Esses princípios vedavam às gerações presentes descarregar o ônus da dívida pública sobre os ombros de seus descendentes.

O especialista em história dos regimes monetários Barry Einchengreen acaba de publicar um livro sobre a evolução do sistema monetário internacional. Nele demonstra que a eficácia dos ajustes do padrão-ouro decorria da percepção de que os governos estavam comprometidos antes de mais nada com a estabilidade do valor externo da moeda. Não havia sufrágio universal e os parlamentos eram dominados pelas classes proprietárias, fossem elas de origem burguesa ou aristocrática.

As políticas econômicas da era vitoriana não tinham de cuidar das consequências de uma elevação da taxa de desconto – manejada pelos bancos centrais para garantir o valor externo da moeda – sobre o nível de emprego ou sobre os salários dos trabalhadores. Os partidos trabalhistas em formação consideravam os mecanismos do padrão-ouro como formas naturais e insubstituíveis da engrenagem econômica.

A ampliação da presença das massas trabalhadoras nas cidades e a conquista do sufrágio universal foram transformando em problemas sociais fatos que antes eram considerados resultados da conduta desviante de indivíduos. A ideia de desemprego, como fenômeno social, produzido pela operação de mecanismos econômicos é muito recente. Ainda no final do século passado, esse fenômeno estava desenhado na consciência social sob a forma de pobreza, vagabundagem, inabilitação, ou simples má sorte.

O aparecimento do desemprego no imaginário social, como distúrbio e injustiça nascidos das disfunções do mecanismo econômico, obrigou os governos a dividirem a atenção entre as demandas domésticas e as medidas de defesa da estabilidade da moeda. Nem sempre os dois objetivos puderam ser atendidos simultaneamente. Tornaram-se cada vez mais frequentes os conflitos entre a manutenção de níveis adequados de atividade e de emprego e as exigências impostas pela administração monetária. Antes os detentores de riqueza sabiam que a ação dos bancos centrais se inclinaria claramente na direção de uma defesa da paridade das moedas nacionais com o ouro, dentro das variações permitidas pelos *gold points*. Neste sentido os mercados especulavam a favor da estabilização da moeda. Einchengreen afirma, com razão, que o padrão-ouro era uma instituição socialmente construída, cuja viabilidade dependia do contexto em que operava.

Em boa medida, a crise do padrão exprime a incompatibilidade entre a "representação" mais sofisticada dos automatismos do mercado e o surgimento das massas no cenário econômico e político. E não é possível fazer o relógio andar para trás, a não ser à custa de retrocessos sociais e políticos só imagináveis sob regimes de terror.

As arengas dos economistas contra os desvios da política, contra os surtos de populismo, suas tentativas de enquadrar a sociedade na camisa-de-força da racionalidade econômica, são antes de mais nada a refração ideológica de um conflito que não tem solução única nem unilateral.

A experiência histórica mostra que é possível a manutenção de um equilíbrio relativamente estável e dinâmico entre estas duas tendências contraditórias das sociedades modernas. A formidável arquitetura capitalista do pós-guerra permitiu durante um bom tempo a convivência entre estabilidade monetária, crescimento rápido e ampliação dos direitos sociais. Resta saber quando as sociedades empenharão suas forças para reinventar esta ordem econômica que combina liberdade, igualdade, fraternidade e eficiência.

4
Reestruturação capitalista*

Convidado pelos editores da revista do Seade, *São Paulo em Perspectiva*, para escrever sobre as transformações econômicas e sociais que vêm assolando a humanidade neste último quartel de século, tive a ousadia de fazer uma revisão crítica das poucas ideias que até aqui sustentei sobre o assunto. Diante da complexidade do tema – não é preciso dizer –, descobri que as tais ideias, além de escassas, revelaram-se mesquinhas. Decidi, mesmo assim, reapresentar algumas delas, neste espaço que a *Folha* me concede.

O estímulo a essa empreitada veio de um pronunciamento do senhor presidente da República, por ocasião do anúncio das medidas contra o desemprego. Naquela oportunidade, o presidente Fernando Henrique declarou estar "virando uma página da era Vargas". A arenga presidencial referia-se, com certeza, ao

---

* Publicado originalmente em *Folha de S.Paulo*, 9 ago. 1998.

passo dado na direção da maior flexibilização do mercado de trabalho e ao progressivo abandono das práticas corporativas, centralizadoras e autoritárias da legislação trabalhista brasileira. Os liberais nativos, à esquerda e à direita, não perdem a oportunidade para girar a manivela do realejo, tocando incessantemente a canção intitulada: A CLT é cópia da *Carta del Lavoro*. Constatado o vício de origem, a palavra de ordem, nestes tempos de globalização e de império da democracia, é "destruir o infame".

Toneladas de tinta foram e continuam sendo derramadas sobre outras tantas de papel para exaltar a tal de globalização, a maior integração das economias, os incontroláveis processos de automação e de informatização, a terceirização e a redução do número de assalariados, o fim do trabalho e o poder disciplinador dos mercados financeiros.

A repetição desses motes parece tão sinistra quanto o choro das carpideiras, pelo menos para a grande maioria dos pretendentes a ingressar no clube dos ricos ou das sociedades desenvolvidas. Os acontecimentos recentes mostram que, não obstante a retórica triunfalista, o acesso ao almejado título de sócio do clube dos desenvolvidos torna-se cada vez mais restrito.

Por outro lado, mesmo nos países adiantados cresce o número de cidadãos e cidadãs que não concordam com a mão única que pretendem impor às suas vidas. A sensação entre as classes não proprietárias é que, de uns tempos a esta parte, aumentou a insegurança. Além do desemprego crônico e endêmico, os que continuam empregados assistem ao encolhimento das oportunidades de um emprego estável e bem remunerado. Não bastasse isso, estão sob constante ameaça de definhamento as instituições do Estado de bem-estar, que ao longo das últimas décadas vinham assegurando, nos países desenvolvidos, direitos sociais e econômicos aos grupos mais frágeis da sociedade.

Tal sensação de insegurança é o resultado da invasão, em todas as esferas da vida, das normas da mercantilização e da concorrência, como critérios dominantes da integração e do reconhecimento social. Nos países em que os sistemas de proteção contra os frequentes "acidentes" ou falhas do mercado são parciais ou estão em franca regressão, a insegurança assume formas ameaçadoras para o convívio social. A expansão da informalidade e da precarização das relações de trabalho – e a desagregação familiar que as acompanham – tendem a avançar para a criminalidade eventual e, depois, para o crime organizado. Os subsistemas socioeconômicos que vivem da atividade criminosa ou ilegal passam a ocupar o espaço deixado pelo desaparecimento das oportunidades de vida antes oferecidas pela economia "oficial".

Bem feitas as contas, as transformações econômicas e sociais que estamos presenciando, bem como as "teorias do progresso" que as acompanham, podem ser entendidas como produtos de uma nova tentativa de "reestruturação capitalista", acompanhada, desta vez, de um revigoramento da ideologia do *laissez-faire*.

As "etapas de reestruturação capitalista" são os períodos de subversão das relações, até então existentes, entre a lógica econômica do capitalismo e as aspirações dos cidadãos à autonomia diante das esferas do poder e do dinheiro, a uma vida boa e decente. Alguém poderia dizer – e não estaria errado – que, nesses momentos de reestruturação, a luta política vai escolher as normas e os valores que, afinal, vão presidir os nossos destinos coletivos e individuais.

A última reestruturação importante daquilo que, parodiando Schumpeter, poderíamos chamar de Ordem Capitalista começou a se desenvolver a partir dos anos 30 e encontrou seu apogeu nas duas primeiras décadas que se seguiram à Segunda Guerra Mundial. Essa reordenação foi uma resposta aos desastres provocados pelas "falhas" do mercado autorregulado, agravadas pelo apego dos governos a políticas fiscais e monetárias conservadoras. Essa miopia liberal-conservadora suscitou violentas reações de autoproteção da sociedade assolada por desgraças como o desemprego em massa, o desamparo, a falência, a bancarrota. Tratava-se essencialmente de uma rebelião contra a exclusão dos circuitos mercantis, o que significa, para milhões de pessoas, a impossibilidade de acesso aos meios necessários à sobrevivência.

Como já sugeriu o professor Cardoso de Mello, em trabalho recente, a Ilustração nos legou uma modernidade que avança de forma contraditória, impulsionada pela tensão permanente entre as forças e os valores da concorrência capitalista e os anseios de realização da autonomia de um indivíduo integrado responsavelmente na sociedade. Do ponto de vista ético, esse conflito desenvolve-se em meio a fortes tensões entre a dimensão utilitarista da sociabilidade – forjada na indiferença do valor de troca e do dinheiro – e os projetos coletivos de progresso social. Fundamentalmente, esses projetos, no atual estágio do imaginário social, postulam a autonomia do indivíduo, ou seja, reivindicam o direito à singularidade e diferença, ao mesmo tempo em que afirmam o que Robert Bellah chamou de pertinência cívica. Essa virtude pode ser definida como a percepção e o reconhecimento de pertencer solidariamente a uma comunidade, sem ser esmagado por ela.

5
Certezas graníticas*

O título desta coluna, "Lições Contemporâneas", pode sugerir que seus ocupantes tenham tido alguma vez a pretensão de ministrar ensinamentos aos leitores desta *Folha*. Depois de mais de trinta anos de trabalho nas salas de aula de uma escola de economia, sinto-me cada vez menos preparado para dar lições a alguém, sobre qualquer assunto. O estoque de dúvidas tem crescido a uma velocidade bem maior do que a acumulação de certezas.

Por isso, minha sensação de desconforto aumenta bastante – não fosse ela já enorme – quando dou trombadas com certezas graníticas, maciças e, além do mais, perfeitamente esféricas.

Entre as frases que escaparam das línguas empenhadas no debate em curso, entre desenvolvimentistas e monetaristas, a que mais me impressionou foi a do doutor Roberto Campos, em seu

---

* Publicado originalmente em *Folha de S.Paulo*, 30 maio 1999.

artigo na *Folha* de domingo passado. Sentenciava o nosso ilustre homem público que "os desenvolvimentistas não entendem nada de desenvolvimento".

O "desenvolvimentismo", enquanto projeto ideológico e prática política nos países da periferia, nasceu nos anos 30, no mesmo berço que produziu o keynesianismo nos países centrais. Uma reação contra as misérias e as desgraças produzidas pelo capitalismo dos anos 20.

A onda desenvolvimentista e a experiência keynesiana tiveram o seu apogeu nas três décadas que sucederam o fim da Segunda Guerra. O ambiente político e social estava saturado da ideia de que era possível adotar estratégias nacionais e intencionais de crescimento, industrialização e avanço social.

Para desagrado dos monetaristas e conexos, as políticas monetárias e de crédito de então tinham objetivos nacionais, ou seja, estavam relacionadas com o desempenho da economia e das empresas localizadas no país.

No âmbito internacional, as taxas fixas (mas ajustáveis) de câmbio e as limitações aos movimentos internacionais de capitais de curto prazo impediam a transmissão de choques causadores de instabilidade às taxas de juros domésticas.

O caráter insular dos sistemas nacionais de crédito permitia a adoção, pelas autoridades monetárias, de normas de operação que definiam: a) segmentação e especialização das instituições financeiras; b) severos requisitos prudenciais e regulamentação estrita das operações; c) fixação de tetos para as taxas de captação e empréstimo; d) criação de linhas especiais de fomento.

As relações entre os bancos centrais e os bancos privados permitiam a adoção de políticas de direcionamento do crédito e de sustentação da liquidez corrente do sistema bancário.

Os sistemas de administração da moeda e do crédito – desenhados à luz da experiência de instabilidade monetária e do desastre da grande depressão dos anos 20 e 30 – tinham como objetivo principal a sustentação das taxas elevadas de crescimento

Ensaios sobre o capitalismo no século XX

do produto, do emprego e dos salários reais, juntamente com a política fiscal e as regras de formação dos rendimentos do trabalho. Os resultados, ainda que desiguais, não foram ruins. Comparada a qualquer outro período do capitalismo, anterior ou posterior, a era desenvolvimentista e keynesiana apresentou desempenho muito superior em termos de taxas de crescimento do PIB, de criação de empregos, de aumentos dos salários reais e de ampliação dos direitos sociais e econômicos. A moda, então, entre economistas, sociólogos e cientistas políticos, eram as teorias do desenvolvimento, os modelos de crescimento econômico e o estudo das técnicas de programação e de planejamento.

Não se trata naturalmente de reinventar nem de chorar o "desenvolvimentismo" perdido, de resto uma experiência histórica singular do capitalismo. Mas é possível concluir, pelo menos, que os "desenvolvimentistas" entendiam bastante de desenvolvimento. Desconfio – sempre mergulhado na dúvida, mas apoiado nos acontecimentos recentes – que entendiam do assunto deles muito mais do que os monetaristas imaginam saber dos mistérios da moeda.

Seja como for, o historiador Fernand Braudel, no primeiro volume de sua obra maior, *Civilização material, economia e capitalismo – séculos XV a XVIII*, analisando os ciclos econômicos de longa duração, não perdeu a oportunidade de incomodar o leitor com uma frase terrível: "O homem só é feliz em breves intervalos e só se dá conta disso quando já é muito tarde".

6
As máscaras do imperialismo*

Marx e Engels defendiam o comércio livre entre as nações. Viam nele o instrumento da mercantilização universal e, portanto, de introdução das relações e forças produtivas capitalistas nos países atrasados, capaz de eliminar os resíduos do *Ancien Régime*. Marx terminou o seu discurso, pronunciado em 1847 na Associação Democrática de Bruxelas, denunciando o caráter conservador do protecionismo e proclamando: "O sistema de livre-comércio impulsiona a revolução social. É apenas nesse sentido, senhores, que eu voto a favor do livre-comércio".

Os fundadores do "socialismo científico" estavam convencidos de que a revolução social era iminente na Europa, convicção que seria fortalecida pelos acontecimentos de 1848 e pela Comuna de Paris em 1871. Mas os episódios de 1871 nas ruas

---

* Publicado originalmente em *CartaCapital*, 15 mar. 2000.

de Paris foram uma resposta ao desfecho da guerra franco-prussiana, a primeira manifestação de uma nova etapa do capitalismo, marcada sobretudo pela presença da Alemanha, potência emergente, disposta a ameaçar a supremacia industrial inglesa. A "era do imperialismo" estava apenas nascendo. O pensamento socialista levou algum tempo para cuidar das implicações do surgimento dessa *nova forma de existência do capitalismo*, muito mais complexa do que poderia ser deduzido das "leis de movimento" deste modo de produção.

Lenin, apoiado nos estudos de Hobson sobre o imperialismo e de Hilferding sobre o capital financeiro, concluiu que a compreensão do fenômeno envolvia a análise de algumas questões fundamentais. A rivalidade entre Estados nacionais expansionistas e colonialistas – empenhados na "repartição do mundo", destinada a ampliar e manter a submissão da franja periférica – estava amparada na predominância do capital financeiro e em sua capacidade de exacerbar a concorrência e produzir o monopólio. Daí a centralização e concentração do capital, impulsionando o aumento das escalas de produção, a formação de enormes massas sob o mesmo comando capitalista e alentando o surgimento das camadas parasitárias e rentistas.

A intervenção estatal na esfera econômica tornou-se crucial para as burguesias nacionais em conflito, modificando as relações entre a economia e a política. O desnudamento do "político" escondido sob o véu do "automatismo das leis de movimento" capitalista suscitaria, mais tarde, a visão inovadora de Gramsci que, nos *Cadernos do cárcere*, entre outras coisas, iria tratar das inter-relações necessárias entre as "particularidades nacionais e os processos de internacionalização capitalista".

O desastre da Depressão e o nazifascismo encerraram, de forma menos inesperada do que assustadora, o primeiro ciclo da economia política do imperialismo. O pós-guerra pode ser visto como a história de uma derrota: os que emergiram vitoriosos da grande batalha social, política e militar acabaram sucumbindo à força do capitalismo que imaginaram apaziguar com o reformismo keynesiano.

Na aurora do século XXI, a concorrência capitalista volta a realizar-se por meio da rivalidade entre as economias comandadas pela grande empresa e pelo capital-dinheiro autonomizado. Amparadas por seus Estados nacionais, as enormes massas de capital lançam-se ainda com maior fúria às megafusões, à conquista e à "reserva" dos mercados. Mais do que nunca, a concorrência capitalista torna efetiva a sua razão interna, engendrando o monopólio, o que significa impor barreiras à entrada de novos competidores, sejam eles empresas ou países. Há, portanto, simultaneamente, dinamismo e estagnação, avanço vertiginoso das forças produtivas em algumas áreas e setores combinando com a regressão em outras partes.

Diferentemente do período clássico, nesta etapa imperialista as circunstâncias são ainda mais desfavoráveis para os sistemas empresariais das regiões mais frágeis: os recursos de poder político, militar e de comunicação estão distribuídos assimetricamente entre os competidores rivais, brutalmente concentrados em um só país. Tanta é a desfaçatez dos senhores do Império que isso é apresentado aos incautos como o resultado natural e benéfico de uma *convergência* ideológica, política e econômica na direção da democracia e da economia de mercado. O que se produz, no entanto, é a disseminação do modelo político, econômico e cultural americano para o resto do mundo, com efeitos dissolventes sobre as sociedades mais frágeis e sobre a autonomia dos Estados nacionais da periferia.

No Brasil, os avatares do imperialismo são momentos em que o pensamento liberal se mostra vigoroso, em que se torna predominante o cosmopolitismo *sans phrase*. Esse cosmopolitismo liberal empenha-se a fundo nos misteres de borrar as diferenças entre as situações nacionais, de ocultar e negar a existência de hierarquias e dominação nas relações internacionais, de exaltar as virtudes regeneradoras da concorrência.

Eugênio Gudin, tal como seus descendentes – de Roberto Campos a Armínio Fraga –, combinava magistralmente a rejeição (de todos os liberais) às intromissões da política na economia com uma profunda e pouco dissimulada desconfiança na capacidade nativa de alcançar, por conta própria, as conquistas da sociedade industrial e seus padrões modernos de convivência. Daí a recorrência dos apelos à abertura comercial, ao estímulo à entrada do capital estrangeiro para combater a inevitável ineficiência da indústria nacional, que deve ser eliminada por meio da maior exposição à *concorrência externa*.

Vem de longa data a atitude basbaque da fração majoritária das camadas dominantes tupiniquins, da classe média para cima, com o que vem de fora para dentro. Os endinheirados, os letrados e os bem postos na vida cultivam o cosmopolitismo. É uma forma de expressar uma secular e singular repugnância pelas condições reais do país, especialmente pelas condições miseráveis das classes subalternas.

Apesar disso, nos cinquenta anos que terminaram no início da década de 1980, a economia brasileira cresceu de forma acelerada e sofreu notáveis transformações, transitando do modelo primário exportador para a etapa industrial. O colapso do capitalismo nos anos 30, a Segunda Guerra Mundial e as condições excepcionais do imediato pós-guerra favoreceram o avanço da industrialização nacional. O *ethos* do desenvolvimento nasceu da percepção das camadas empresariais nascentes, do estamento burocrático-militar, de algumas lideranças intelectuais e do proletariado em formação de que o objetivo de aproximar o país das formas de produção e de convivência não poderia ser alcançado pela simples operação das forças naturais do mercado.

É inteiramente falso, no entanto, atribuir um papel hegemônico a estas forças ditas progressistas na definição dos rumos do desenvolvimento. O projeto de industrialização foi sendo construído por meio de alianças políticas, regionais e de classe que não só atraíram os interesses mais retrógrados e reacionários para

Ensaios sobre o capitalismo no século XX

o bloco desenvolvimentista, mas também acabaram selando compromissos com as forças reais do internacionalismo capitalista.

A repactuação continuada destes compromissos explica a natureza das contradições que levaram o capitalismo brasileiro aos impasses que o imobilizam atualmente: a deformação sistemática da vontade popular, imposta por um modelo político oligárquico e intrinsecamente antirrepublicano; a espantosa persistência da estrutura agrária que está na origem da reprodução e ampliação das desigualdades sociais, transportadas do campo para a cidade; o patrimonialismo da grande empresa industrial, o rentismo do sistema bancário, a eterna revolta contra o pagamento de impostos por parte dos endinheirados. É daí que decorre a eterna dependência do financiamento externo, a desordem financeira do Estado, o protecionismo excessivo, a passividade tecnológica, o atraso organizacional e a posição subordinada da grande empresa privada nacional, para não falar no crescimento desmesurado do *estatismo*.

A desorganização dos anos 80 não deve ser interpretada como uma crise que ocorre apenas *no interior* do pacto oligárquico. Desta vez, apesar das aparências, o estrago foi maior. Por um lado, caducou o consenso das camadas dominantes em torno do objetivo comum do desenvolvimento e, de outro, aumentaram as pressões das classes subalternas por um reconhecimento integral de seus direitos políticos, sociais e econômicos.

Não foi apenas por conta das mudanças no ambiente internacional que o ideário do *liberalismo cosmopolita* ganhou força e transformou-se na ideologia dominante do patriciado. Diante da dificuldade de se reconstituir, em novas bases, um objetivo compartilhado, do visível enfraquecimento financeiro e da capacidade coordenadora do Estado, o liberalismo internacionalista reaparece como a fórmula mágica da conciliação de interesses no interior das camadas dominantes e, ao mesmo tempo, como *método político* destinado a bloquear, mais uma vez, o avanço das classes subordinadas na conquista dos seus direitos.

7
A economia no Estado nazista*

CartaCapital publicou um artigo de minha autoria[1] sobre o livro *Setenta e seis anos de minha vida*, a autobiografia de Hjalmar Schacht, banqueiro de Hitler, uma semana após o seu lançamento pela Editora 34. O espaço que a revista generosamente me concede não foi, no entanto, o bastante para suprir minhas deficiências de estilo e de ideias. Volto ao assunto, na esperança de transmitir ao leitor a importância da obra de Schacht para a compreensão de um dos acontecimentos mais trágicos do século XX: o nascimento, a vida e a morte do regime nacional-socialista. Um povo inteiro – e não se tratava de um país qualquer, mas da Alemanha desenvolvida – entregou-se de corpo e alma às libações do totalitarismo.

---

* Publicado originalmente em *CartaCapital*, 12 abr. 2000.
1 O banqueiro de Hitler. *CartaCapital*, 24 nov. 1999.

É imensa a literatura sobre o nazismo. Uma boa parte dos escritos, ou busca a origem do fenômeno na formação histórica e cultural do povo alemão, ou enreda-se, como o *Hitler* de Joachim Fest, pelos descaminhos da análise psicológica. Não falta quem se disponha, por exemplo, a atribuir à filosofia hegeliana do Estado e do Direito um papel importante na constituição da ideologia totalitária que sustentou o regime nazista. Esse ponto de vista foi destroçado na obra do filósofo italiano Domenico Losurdo e não resiste a uma inspeção, mesmo preliminar, quer da obra de Hegel, quer do processo histórico e político que conduziu a Alemanha ao limite da loucura coletiva.

A autobiografia de Schacht pode ser lida como o avesso do grande livro sobre o nacional-socialismo, *Behemoth*, escrito por Franz Neumann, o jurista da Escola de Frankfurt. Avesso não quer dizer o oposto, senão o "outro lado" do mesmo objeto escolhido para a investigação. O objeto em questão, constituído pelos dois autores-inimigos, é a crise dramática da sociedade burguesa e do Estado de direito, engendrados pelo colapso do capitalismo nos anos 30. Foi a partir de Neumann, seu grande amigo e companheiro, que Herbert Mercuse escreveu um pequeno e definitivo ensaio, *O Estado e o indivíduo no nacional-socialismo*. Marcuse mostra que o totalitarismo nasce das entranhas da sociedade capitalista, provocando a derrocada do Estado burguês-liberal, em que o exercício da soberania e do poder deve estar submetido ao constrangimento da lei impessoal e abstrata. Os interesses de grupos privados se apoderam *diretamente* do Estado, suprimindo a sua independência formal em relação à sociedade civil.

Figura central dos dramáticos episódios políticos, financeiros e monetários vividos pela Alemanha nas décadas de 1920 e 1930, Schacht oferece ao leitor um depoimento em que a tentativa de justificar a sua contraditória e controvertida biografia não consegue obscurecer a riqueza e o brilho de sua avaliação sobre as questões de seu tempo e de seu país.

Como secretário da Moeda e, depois, presidente do Reichsbank na República de Weimar, participou da elaboração das ideias e das negociações internacionais que levaram à célebre estabilização do marco de 1924; em seguida, presenciou, impotente, o ciclo de endividamento externo, embalado pelos capitais americanos, que avassalou a Alemanha entre 1925 e 1928; finalmente, como "banqueiro de Hitler", imaginou os métodos de controle cambial, a nova política de negociações bilaterais no comércio exterior e as fórmulas inovadoras para o financiamento da recuperação de uma economia mergulhada na depressão e no desemprego.

O papel de Schacht na "grande estabilização" de 1924 é mais conhecido do que o seu desempenho na "grande recuperação" da economia alemã, iniciada depois da confirmação de Hitler como chanceler, em 1933. Particularmente notáveis foram as políticas adotadas para enfrentar o estrangulamento externo da economia e os métodos imaginados para permitir o financiamento do gasto – público e privado – necessário para sustentar o crescimento.

Em meio ao festival das "desvalorizações competitivas" do começo dos anos 30, quando a palavra de ordem era *beggar thy neighbour*, Schacht lançou, em 1934, o "Novo Plano". O "Plano" impunha uma brutal centralização do câmbio. Qualquer transação em moeda estrangeira ou pagamento de dívida não poderia ser efetuada diretamente entre residentes e não residentes. Tudo tinha de passar pelo controle e pela permissão da burocracia do Reichsbank. A violação dessas normas era considerada "crime de alta traição à Mãe-Pátria". Os métodos extremos de controle cambial incluíam a adoção de práticas de comércio bilateral com os países da periferia europeia e sul-americana que ficaram praticamente alijados dos negócios internacionais desde o *crash* de 1929. Keynes reconhece ter-se inspirado no "Plano Alemão" para formular a sua proposta da Clearing Union, apresentada nas negociações de reforma que antecederam a reunião de Bretton Woods.

Schacht manteve inalterada a paridade entre o marco e o ouro. Em consequência, a moeda alemã valorizou-se bastante em relação ao dólar, à libra e ao franco francês, ainda que no mercado "livre" de divisas o marco estivesse sendo negociado com um deságio de 50%. Um Fundo de Conversão, estabelecido no Reichsbank, obrigava os devedores alemães em moeda estrangeira a pagar integralmente esses compromissos em marcos sobrevalorizados, "bloqueando", ao mesmo tempo, a transferência de divisas para o exterior. Tais expedientes resultaram na economia de divisas e no aumento da arrecadação do Tesouro. Com isso Schacht, na verdade, criou um imposto sobre os devedores em moeda estrangeira, incrementou a demanda de moeda nacional, conseguiu recursos fiscais para "fundar" o financiamento do gasto público e liberou a política monetária da ditadura do balanço de pagamentos.

A autobiografia tem dois momentos que merecem atenção especial. O primeiro diz respeito à avaliação do papel dos indivíduos na história. Sem desconhecer a importância de seu desempenho, Schacht rejeita as tentações do "protagonismo" e procura situar suas ações dentro das condições impostas pelo movimento impessoal das forças sociais e econômicas.

> Não acredito [diz ele] nas palavras de Mussolini de que os homens fazem a história. Os homens que entraram para a história como grandes políticos foram com frequência apenas executores de seu tempo. Quando o tempo está maduro para uma nova percepção, favorece algum político que, caso contrário, cairia no esquecimento, com suas boas intenções e esforços.

Tal percepção das relações entre ação individual e o Grande Jogo da política e da economia permitiram a Schacht escapar, na boa tradição de List, das más abstrações da economia política clássica.

> Durante o estudo dos escritores mercantilistas ingleses, ficou-me claro que a economia em si nada tem de ciência abstrata. Os escritores mercantilistas, a partir das necessidades da vida comer-

Ensaios sobre o capitalismo no século XX

cial, fizeram suas reivindicações teóricas, com as quais puderam fundar e proteger a sua indústria de lã e navegação. ... Depois que a Inglaterra havia assegurado sua grande primazia industrial e a superioridade de sua frota comercial, os economistas ingleses começaram a promover a liberdade de comércio, portanto a livre concorrência, à condição de teoria econômica clássica ... A chamada economia clássica deve seu longo reinado à propaganda brilhante com que os professores de economia ingleses ofuscaram as cabeças continentais.

Schacht era um nacionalista conservador e anticomunista. O seu depoimento autobiográfico procura mostrar que os vencedores da Primeira Guerra Mundial e suas absurdas exigências de reparações, o festival de endividamento externo da segunda metade da década de 1920 e a cinzenta mediocridade da social-democracia jogaram o povo alemão nos braços do nazismo.

Nas eleições de 14 de setembro de 1930, o Partido Nacional-Socialista passou de 12 para 107 cadeiras no Parlamento. Os comunistas saltaram de 54 para 77. Schacht observa que sua luta contra o endividamento externo exorbitante fora em vão. Seus esforços pela extinção do pagamento das reparações não haviam levado a nada.

Será que continuaria a política passiva do governo alemão? Com a queda do padrão de vida do povo, com a redução dos salários e das rendas, em resumo, com todas as medidas econômicas deflacionárias, não se podia resolver o problema da Alemanha.

No verão de 1931, Schacht, num comício nacionalista, proferiu um discurso violento contra a paralisia do governo social-democrata do chanceler Brünning, encalacrado na recuperação da confiança dos investidores estrangeiros. Denunciando as bases falsas do sistema vigente, em particular a situação financeira "sempre mais desfavorável do que foi sugerido ao povo", afirma que

51

a cura da Alemanha não é uma questão de pontos isolados de programa, não é uma questão de inteligência, mas uma questão de caráter ... É o programa de Frederico, o Grande: ... tirar do próprio solo tudo o que é possível ... Pedir emprestado e mendigar torna-se desprezível, torna incapaz de negociar, torna incapaz de aliar-se.

Schacht descobriria mais tarde que a política econômica do nazismo foi a tentativa de um *grupo*, em nome da nação, de controlar os processos supostamente automáticos da economia. O movimento nacional-socialista destruiu as bases legais do Estado, para transformá-lo em mero instrumento do arbítrio dos interesses dominantes.

8
Promiscuidade histórica*

William Greider, o editor de economia da revista americana *The Nation*, pegou no nervo: a crise de "credibilidade" que ora derruba as bolsas não é fruto de malfeitorias isoladas, mas o resultado lógico do contubérnio entre governo conivente e negócios espertos. Na era Bush filho, a promiscuidade é escancarada: difícil dizer se estamos diante de um governo eleito ou de um escritório de corretagem. Mas o republicano não é exceção: a grande proeza de Clinton foi a construção da Internacional Capitalista, ou seja, a imposição dos interesses da alta finança americana em todo o mundo, com o aplauso e o apoio entusiasmado dos endinheirados do planeta.

É gentileza semântica chamar esse arranjo ou enrosco de plutocracia. Devemos concordar com o escritor Kevin Phillips.

---

* Publicado originalmente em *CartaCapital*, 31 jul. 2002. Esta edição contém passagens de Descobriram a América. *CartaCapital*, 29 mar. 2000.

No seu último livro, *Wealth and democracy*, ele sugere que, desde a Guerra Civil, sucessivas gerações de "barões ladrões" comandaram a política americana.

O domínio dos negócios sobre o governo chegou ao ápice nos anos 20. Os Estados Unidos emergiram da Primeira Guerra Mundial (1914-1918) como os credores do mundo e – dizem os crédulos – o Banco Morgan transformou-se no braço financeiro da política de Washington. Vou contar a verdade: a política internacional americana era um apêndice dos interesses financeiros do Morgan.

Os funcionários do Morgan comandaram os empréstimos destinados a garantir reservas em moeda forte para o plano de estabilização da Alemanha em 1924 e para a França em 1926. A partir daí, o Banco Morgan tornou-se o carro-chefe da enxurrada de empréstimos baratos para a Europa e a América Latina (inclusive para o Brasil). Isso sem contar os malucos da Bolsa que tomavam grana dos bancos para aplicar em ações da "nova economia" daquele tempo: aviação, radiofonia e energia elétrica. O desfecho dessa brincadeira foi a catastrófica Depressão de 1929, com seu séquito tenebroso de desemprego, falências e destruição da riqueza.

Nas crises, o intervalo. Os chamados movimentos "populistas" se encarregam, então, de produzir os anticorpos no organismo enfermo do *establishment*. Theodore Roosevelt e seu sobrinho Franklin Delano – aquele que assumiu o governo do país quando a Depressão de 1929 andava brava – tentaram enfrentar o poder das grandes corporações e dos bancos. A Era Progressiva e o *New Deal* foram momentos de rebelião democrática e ascensão econômica das massas. Não há como negar que os *newdealers* estenderam sua influência até os anos 50 e 60, o período da "era dourada" do capitalismo. Mas logo as coisas voltaram ao normal e a alta finança retomou o controle dos negócios e do governo. Diga-se que o *grand monde* financeiro americano jamais se conformou com a regulamentação imposta aos bancos e às demais instituições não bancárias pelo *Glass-Steagall Act*, no início dos anos 30. Foi também grande a resistência dos "negócios do dinheiro" às propostas de Keynes e de Dexter White, apresentadas em 1944 para reformar a arquitetura financeira internacional, feita em pedaços pela artilharia pesada da Grande Depressão.

A história política e econômica do planeta, desde meados da década de 1970, registra a intensificação das pressões dos Estados Unidos pela liberalização financeira. Isso significa, como muitos já compreenderam, submeter mais uma vez a "economia global" ao controle despótico do capital financeiro americano e à supremacia do dólar como moeda universal.

Desde Reagan, a "alta finança" e a grande corporação consolidaram a sua posição de predomínio na hierarquia dos interesses que se digladiam no interior do Estado americano.

No plano interno, o Estado americano está cada vez mais envolvido na sustentação das condições requeridas para o bom desempenho das suas empresas e bancos na arena da concorrência generalizada e universal. Eles dependem do apoio e da influência política para penetrar em terceiros mercados, não podem prescindir do financiamento público para suas exportações nos setores mais dinâmicos e seriam deslocados pela concorrência sem o benefício do sistema nacional de ciência e tecnologia e das encomendas militares. Muito menos podem dispensar o papel crucial das políticas do Estado quando a euforia do ciclo financeiro e de investimento levam à sobreacumulação produtiva e à ameaça de desvalorização da riqueza financeira.

No plano externo, a plutocracia de Tio Sam vem usando métodos socialistas. Em vez de um grande banco, como o Morgan, os instrumentos de controle e dominação são coletivos e exercidos por meio dos organismos multilaterais, como o FMI, o Banco Mundial e a Organização Mundial do Comércio. Isso, aliás, os observadores mais atentos e independentes sabem há muito tempo. O Tesouro americano e Wall Street transformaram o FMI em PMI, ou seja, numa Polícia Financeira Internacional a serviço da Grande Especulação.

A conversa mole de transparência e austeridade encobre o movimento real das coisas: sob o véu da racionalidade econômica, os gênios da nova finança estão sempre dispostos a utilizar quaisquer métodos para desqualificar as resistências aos seus anseios. Buscam imobilizar homens e mulheres nas teias do pensamento uniformizado e repetitivo: "Não há alternativa".

9
As voragens da história*

As regras autodestrutivas da finança ...
são capazes de apagar o sol e as estrelas
porque não pagam dividendos.
(J. M. Keynes, 1933)

Fernando Henrique disse, certa vez, irritado com as críticas: "As oposições são pegas pela voragem da história, não estão conduzindo a história, estão sendo instrumentos dessa voragem". Temos de reconhecer: era uma avaliação concisa e brilhante de seu próprio papel como governante de uma nação periférica. Nessa linha de pensamento, o implacável crítico inglês Terry Eagleton descreveu o atual estado de coisas como um processo em que a diferenciação de atitudes, estilos, modos de ser e de governar são tão semelhantes entre si que, afinal de contas, não há nenhuma diferença entre eles. Eagleton vai além da frase de efeito e constata que, no capitalismo globalizado, as leis de movimento do conjunto vão tornando-se cada vez mais abstratas, tendentes a inibir e atropelar a ação política e a constranger o pensamento inovador.

---

* Publicado originalmente em *CartaCapital*, 16 abr. 2003.

Talvez por isso os homens e as nações da periferia do capitalismo estejam a sofrer e a oscilar entre dois extremos: de um lado, vicejam as fantasias e o desespero do decisionismo. Para essa turma, se houver vontade política, tudo é possível. Na outra margem, multiplicam-se as falácias do economicismo, ou seja, a capitulação diante da "objetividade" das condições existentes. Um velho truque dos vassalos da ciência triste. A especialidade dos economistas é um jogo de ilusionismo: alguns indivíduos supostamente esclarecidos dispõem dos segredos do controle da economia. Mas, sem compreender de fato a natureza e a legitimidade de seu saber, transformam-se em meros executores de uma engrenagem econômica que não funciona como imaginam.

Escrevendo em 1933, das profundezas da Grande Depressão, Keynes confessou que, nos momentos de crise grave, a relação entre a observação crítica e as soluções pode esgarçar-se. Ele dizia:

> O capitalismo internacional e individualista decadente, sob o qual vivemos desde a Primeira Guerra, não é um sucesso. Não é inteligente, não é bonito, não é justo, não é virtuoso – *and it doesn't deliver the goods*. Em suma, não gostamos dele e já começamos a menosprezá-lo. Mas, quando imaginamos o que se poderia colocar no seu lugar, ficamos extremamente perplexos.

Perplexos, aliás, ficaram o chanceler alemão Brünning e seu Partido Social Democrata entre 1929 e 1933, tentando controlar com um receituário de bons meninos a agonizante economia alemã. Sonhavam esses senhores com a recuperação da economia mundial, com uma nova ordem nos negócios globais e, sobretudo, com o retorno dos capitais americanos que haviam fugido em 1928, quando o Federal Reserve subiu os juros para brecar a especulação em Wall Street. Sonharam até que Hitler os despertasse.

As coisas mudam, mas não tanto. Os homens de hoje, especialmente os sábios, são mais dados às certezas do que às perplexidades. Temos, por exemplo, as bombas inteligentes. Tais arte-

Ensaios sobre o capitalismo no século XX

fatos nos foram apresentados como tão precisos e eficazes quanto as hipóteses sobre o ajustamento das economias emergentes em crise. Não é preciso ser Joseph Stiglitz para reconhecer que os modelos e as hipóteses da chamada "corrente principal" têm fracassado de forma deplorável. Quando dão certo – isto é, quando não provocam cataclismos argentinos –, deixam suas vítimas prostradas sob o guante do baixo crescimento e do desemprego elevado e persistente. Fora isso, tudo anda no melhor dos mundos, inclusive os prêmios de risco.

Entre tantas perplexidades que me assaltam diariamente, vou ficar com as prosaicas. Pois veja o prezado leitor que a última poção mágica destilada nos laboratórios da sabedoria financeira global, criada especialmente para sonhadores pós-utópicos, é a adoção das taxas de câmbio flutuantes, acasaladas com políticas de metas de inflação.

A âncora nominal, neste caso, fica por conta do regime de metas de inflação. A experiência recente demonstra, no entanto, que a dependência do financiamento externo engendra, nas economias emergentes, momentos de forte instabilidade cambial, comprometendo o regime de metas e determinando uma trajetória medíocre de crescimento da economia.

O sistema monetário global é constituído por uma hierarquia de moedas, umas mais "líquidas" do que as outras. É improvável, por exemplo, que um exportador alemão e um importador japonês escolham o real como moeda de transação nos seus negócios ou que no mercado de Nova York surjam investidores ansiosos para adquirir títulos de dívida denominados em reais.

Alguns economistas da corrente dominante acabaram de "descobrir" uma triste, elementar e heterodoxa verdade: os países mais débeis estão maculados pelo "pecado original", isto é, não podem emitir dívida nos mercados globais em sua própria moeda. Para tais economias de moeda sem reputação e "ilíquidas", a mobilidade de capitais tende a produzir valorizações indesejadas, seguidas de desvalorizações abruptas. Nos momentos de contração da liquidez internacional – mesmo com um regime de taxa de câmbio flutuante – as autoridades monetárias do país de "moeda fraca", com "ponto de compra" imprevisível, poderão ser obrigadas a vender reservas ou subir a taxa de juro para estabilizar o curso do câmbio dentro de limites considerados seguros. Muitos especialistas ainda não aprenderam as lições que a vida real tenta ensinar: ao submeter um país de moeda fraca e sem reputação aos azares da abertura financeira, os dois preços-chave da economia, a taxa de câmbio e a taxa de juro, não se movem na direção prevista por seus modelos. A disparada do câmbio e a ameaça simultânea de aumento da taxa de juro mostram o caráter esdrúxulo da macroeconomia dos consultores. Num momento de forte aversão ao risco e de retração da liquidez internacional, os administradores nativos aguardam desesperadamente um retorno da confiança, a volta dos capitais. Perplexos, observam – diante do recrudescimento da inflação – que a intensa desvalorização do real não diminui as pressões para a elevação do juro. O Banco Central não recuperou a liberdade para mover a taxa de juro, de modo a permitir que a economia nacional possa evoluir num ambiente favorável à expansão do crédito, ao investimento, ao endividamento das famílias e das empresas.

A abertura e a descompressão financeiras nos países da periferia inverteram as determinações do balanço de pagamentos. Em face dos movimentos especulativos e de arbitragem das massas de capital monetário, os países da periferia – dotados de moedas frágeis, com desprezível participação nas transações internacionais – encontram-se diante do risco de uma procissão de desgraças: valorização indesejada da moeda local, operações de esterilização dos efeitos monetários da expansão das reservas, déficits insustentáveis em conta corrente e finalmente crises cambiais e financeiras. No final das contas, serão constrangidos a limitar a liberdade dos capitais e a executar políticas mercantilistas de geração de alentados superávits comerciais e de acumulação de reservas não emprestadas em moeda forte, sufi-

Ensaios sobre o capitalismo no século XX

cientes para abortar as tentativas dos possuidores de riqueza de especular contra a moeda nacional.

A relativa calmaria que prevaleceu ao longo das três décadas que se seguiram à Segunda Guerra Mundial deve ser atribuída a duas características dos mercados financeiros de então: à prevalência do crédito bancário sobre a emissão de títulos negociáveis e às restrições impostas por quase todos os países ao livre movimento de capitais. As crises de liquidez eram mais dóceis às intervenções dos bancos centrais e tinham menor capacidade de contágio. Já no limiar do século XXI, os defensores dos mercados liberalizados, desregulamentados e securitizados ainda teimam em experimentar as emoções do final do século XIX ou dos famigerados anos 20 e 30 do nosso século moribundo. Emoções que, como se sabe, culminaram em tragédias ciclópicas...

10
O mercado e os direitos sociais*

> A caridade é uma visão equivocada como pretensão de
> tratar a miséria mediante a particularidade dos bons sentimentos.
> A acidentalidade desse estado de ânimo sente-se
> mortificada com prescrições obrigatórias e universais.
> (G. W. Hegel, *Filosofia do direito*)

A justiça dos mercados, em sua essência, não reconhece nenhum direito senão o que nasce do contrato, ou seja, da livre disposição da vontade dos indivíduos no intercâmbio entre mercadorias equivalentes. Qualquer conteúdo, qualquer relação substancial deve ser sumariamente eliminada. Você quer comer? Pois venda o seu produto no mercado. Não conseguiu? Então tente vender a sua capacidade de trabalho.

O homem vale o que o seu esforço vale e o seu esforço vale se a mercadoria que ele produz for reconhecida pelo "salto perigoso", pela arriscada transformação no equivalente geral, o dinheiro. Não basta ser um bom empregado ou um ótimo empresário para ter uma vida decente. A justiça do mercado ensina e divulga que, se você fracassou, a culpa é sua. Valer significa apenas ser

---

* Publicado originalmente em *Folha de S.Paulo*, 27 abr. 2003.

aceito em troca de uma determinada quantidade de dinheiro. Caso contrário, nada feito.

Já observamos que a ideia de desemprego como fenômeno social, produzido pela operação defeituosa dos mecanismos econômicos, é muito recente. Ainda no final do século XIX, dizíamos, o desemprego era confundido com a vagabundagem, com a falta de qualificação ou com a simples má sorte. Para os desafortunados, bastavam o assistencialismo e a caridade das almas generosas.

No início do século XX, ainda prevaleciam os mandamentos de uma ordem política e econômica que valorizava, acima de tudo, o respeito às normas do livre mercado. Entre elas, sobressaíam as regras sagradas e invioláveis do equilíbrio orçamentário e da estabilidade da moeda. A defesa do valor externo da moeda era tarefa primordial dos governos e de seus bancos centrais, mesmo que custasse o aumento do desemprego ou a queda dos salários dos trabalhadores.

No século XX, sobretudo depois da Primeira Guerra Mundial, a ampliação da presença das massas trabalhadoras nas cidades, a conquista do sufrágio universal e o avanço do pensamento socialista transformaram em problemas sociais os fenômenos que antes eram tomados como uma decorrência natural da conduta irregular dos indivíduos ou de circunstâncias adversas particulares.

Foi a luta sistemática e organizada dos assalariados e dependentes que transformou o desemprego em um problema social e político a ser enfrentado pelos governos. Estes tiveram de compatibilizar, nem sempre com êxito, o atendimento das demandas sociais e a estabilidade monetária.

A história dos séculos XIX e XX pode ser contada como uma saga: a resistência das camadas sociais mais desprotegidas contra as forças cegas e supostamente impessoais do mercado. O século XX foi, sem dúvida, palco de uma batalha que, entre mortos e feridos, deixou o saldo positivo da conquista dos direitos sociais. Essa conquista determinou que o reconhecimento do indivíduo como cidadão não mais dependia exclusivamente de sua posição no circuito mercantil. O Estado social, construído a ferro e fogo pelos subalternos, impôs o reconhecimento dos direitos do cidadão, isto é, da sua autonomia desde o seu nascimento até a sua morte. Ele será investido nesses direitos desde o primeiro suspiro: o nascimento de um cidadão implica, por parte da sociedade, o reconhecimento de uma dívida. Dívida com sua subsistência, com sua dignidade, com sua educação, com seu trabalho, com sua velhice.

Essa dívida da sociedade para com o cidadão deve ser compensada por outra, a do cidadão para com a sociedade: o dever de pagar os impostos, de respeitar a lei, de cooperar com o trabalho social, enfim, de retribuir o esforço comum.

O "consenso keynesiano" do pós-guerra permitiu que fossem contempladas, com sucesso, tanto as exigências da acumulação capitalista, quanto as pretensões dos homens comuns que aspiram a uma vida digna e verdadeiramente livre, protegida dos riscos e atropelos periodicamente produzidos pela engrenagem econômica.

O sonho durou trinta anos e, mesmo no clima sombrio da Guerra Fria, as classes trabalhadoras do Ocidente desenvolvido gozaram de uma prosperidade sem precedentes.

Nesse período ocorreram as importantes transformações no papel do Estado. As funções de garantir o cumprimento dos contratos, de assegurar a liberdade na esfera política e econômica – apanágios do Estado liberal – são enriquecidas pelo surgimento de novos encargos e obrigações: tratava-se de regular o ciclo econômico e de criar espaços de integração social não mercantis.

Até há pouco tempo, muita gente imaginava ser impossível recuar das políticas de pleno emprego e de proteção aos mais fracos, a não ser à custa de retrocessos sociais e políticos só imagináveis sob regimes de terror.

Parte II
O mal-estar da globalização

1
O teorema de Scalfari*

O desemprego não cede, as economias andam de lado. Tudo isso aborrece, mas os europeus ilustres apostam que, neste fim de século, entre todos os males, o maior é a descrença e o descaso com a democracia e suas instituições. Está cada vez mais difícil escolher entre os partidos políticos. São todos parecidos, no poder ou fora dele. A reputação dos políticos está no seu nível mais baixo e continua caindo. Não por acaso, as eleições vêm apresentando taxas crescentes de absenteísmo. O fenômeno, diga-se, não é apenas europeu. Nos Estados Unidos, o prestígio da política está ainda mais destroçado. No Japão, a coisa não vai melhor.

Eugenio Scalfari é, com certeza, o maior jornalista italiano, um dos maiores da Europa. Seus artigos de primeira página no *La Repubblica* são, de fato, uma referência para a opinião pública.

---

* Publicado originalmente em *CartaCapital*, 7 ago. 1996.

No domingo, 21 de julho, Scalfari escreveu uma peça de rara lucidez sobre a crise da política. Ele diz: trapalhadas e malfeitorias dos políticos à parte, o declínio da política deve ser atribuído sobretudo ao predomínio incontrastado da técnica, da tecnologia encarnada no economicismo. O saber instrumental se arroga o direito de submeter os outros saberes e sentimentos da vida.

O equilíbrio custosa e cuidadosamente mantido, sobretudo na Europa do pós-guerra, entre a expansão dos direitos sociais, a representação dos interesses por meio dos partidos e as regras de funcionamento da economia controlada pelo Estado foi perigosamente rompido na segunda metade dos anos 70. A partir de então, os ditames da "racionalidade econômica" – apenas realizáveis, é o que se diz, através da operação dos mercados desobstruídos – passaram a sobredeterminar as outras esferas da racionalidade. Isto que estou chamando de "outras esferas da racionalidade" são filhas tão legítimas da modernidade quanto se pretende a lógica que preside a produção e a troca de mercadorias entre indivíduos iguais e livres. Nessas outras esferas estão as normas que encaminham o indivíduo à busca da cooperação e do compromisso, à construção de esquemas de segurança que permitem reduzir a incerteza sobre o seu destino. Estas formas de racionalidade extraeconômica foram lançadas no rol do comportamento "irracional". Não é preciso ser especialista na história do século XX para saber que, nos momentos em que a economia capitalista tentou encapsular a complexidade da vida social nas limitadas fronteiras de sua "racionalidade", o resultado foi desastroso. Aí, sim, a irrupção do "político" assumiu formas violentas e irracionais, numa espécie de vingança contra a ousadia de tentar espremer as sociedades no espartilho estreito da racionalidade econômica.

A política, desde Aristóteles, pretendeu colocar a ambição pessoal a serviço do bem comum. Refletir como isso pode ser feito foi, aliás, o propósito de Niccolò Machiavelli. A celebrada "modernidade" trata, ao contrário, de desmoralizar a política e, assim, colocá-la a serviço das ambições pessoais.

Ensaios sobre o capitalismo no século XX

Para Scalfari, o neoliberalismo é a máscara ideológica do verdadeiro corporativismo, ou seja, do interesse da grande organização econômica e dos conglomerados da informação. Diante destes gigantes da manipulação, o político que ousar romper com a linguagem tecnocrática – aquela da adequação dos meios aos fins – será massacrado e desacreditado como demagogo, "um fóssil de uma época remota".

Enquanto for assim – a autonomia da política sufocada pelos "poderes fortes" do dinheiro e da informação –, não haverá qualquer possibilidade de conciliação entre a prática dos políticos e a busca do bem comum. Scalfari lança um desafio às elites culturais. Caberia a elas resistir, neste momento de declínio geral. O problema é que os supostos guardiões da cidadela democrática, seduzidos pelos sistemas de comunicação e de informação, estão prestes a perpetrar a mais fantástica e monumental "traição dos intelectuais" de todos os tempos.

Com certeza, desta vez, os trinta dinheiros serão a racionalidade, o progresso, a reforma, a liberdade de informação e outros conceitos equívocos que, quase sempre, significam, na vida do cidadão comum, exatamente o seu contrário.

Em tempo: os brasileirinhos espertos podem esfregar as mãos. Falar mal da política e dos políticos já é prática de Primeiro Mundo. Outra semelhança entre nós e eles: muitos intelectuais estão dispostos a esquecer aquilo que escreveram.

2
Viagem pela realidade imaginária*

A obsessão superficial, unânime e monocórdia com "os rumos da modernidade", a avalanche de certezas irrefutáveis que desaba sobre nós estão constituindo um processo de identificação compulsivo com uma realidade imaginária: a inevitável globalização da economia. Esse movimento *identitário* e de produção de uma consciência unidimensional nas elites e seus agregados é, ao mesmo tempo, um passo na direção da *des-identificação* com a Nação (isto é, com os desgraçados que deverão ficar para trás na marcha "irreversível" para a modernidade) e no rumo do progressivo enfraquecimento do Estado.

Não há, de fato, nenhuma ordem internacional, econômica ou política, comparável ao sistema internacional que surgiu no pós-guerra sob a liderança dos Estados Unidos (e o desafio da

---

* Publicado originalmente em *CartaCapital*, 21 ago. 1996.

União Soviética). Temos, isto sim, um conflito entre tendências e forças contraditórias, cujo desfecho só um louco ou um idiota seria capaz de antecipar.

A coexistência entre interdependência e globalização, de um lado, e fracionamento político e social, de outro, lembra muito mais a constituição de um mosaico medieval do que a montagem de uma nova ordem que ultrapasse as relações entre Estados soberanos.

Não está claro, nem um pouco, que os povos ou as regiões bem-sucedidas serão os que aceitam passivamente o movimento "irresistível" da globalização e da interdependência. Talvez tenham mais sorte os países ou as regiões que alcancem formular projetos de construção ou de reconstrução institucional capazes de aproveitar o impulso das forças econômicas, sem permitir que a sociedade, o Estado e o território nacional sejam despedaçados pela ação dos particularismos.

O neoliberalismo ganhou força com os ataques empreendidos contra o Estado de Bem-estar e as políticas keynesianas de estímulo às economias nacionais, no marco do arranjo internacional garantido pelas normas de Bretton Woods. O diagnóstico apontava a sobrecarga fiscal e o excesso de regulamentação estatal, além do viés protecionista embutido nas políticas de desenvolvimento "nacional", como responsáveis pela quase paralisação da máquina capitalista. Era imprescindível aliviar o mercado de tantos constrangimentos e necessário deixar livre a sua capacidade "natural" de coordenação.

As críticas de hoje, apreciando os resultados da execução das políticas neoliberais, sublinham a enorme distância que separa as promessas da realidade. São lançados ataques furiosos contra o "economicismo dos tecnocratas", o aviltamento da cidadania e da vida, encurralados por uma lógica econômica que destrói o cotidiano dos indivíduos e restringe as liberdades reais.

Tanto o ressurgimento quanto o declínio do neoliberalismo revelam, como diz Habermas, a tensão indissolúvel e permanente entre capitalismo e democracia. A expansão dos direitos individuais e sociais supõe necessariamente que o ímpeto da acumulação privada da riqueza e a lógica dos sistemas abstratos do dinheiro e o poder sejam contidos e disciplinados para não ferir a integridade do "mundo da liberdade". Ao mesmo tempo, a dinâmica interna do sistema econômico capitalista pressiona sem cessar os limites impostos pelas demandas nascidas do "mundo da vida", esfera em que a liberdade dos indivíduos se exerce concretamente. O desenvolvimento das chamadas sociedades burguesas vem caminhando neste fio da navalha. A ação política dos partidos e dos governos é obrigada a se equilibrar nesta superfície instável: tem de assegurar, simultaneamente, a confiança dos investidores privados e das massas. O embate entre esses dois imperativos afeta a esfera política e o espaço público, pois é só neste âmbito que a autonomia do "mundo da liberdade e da vida" pode afirmar-se contra as pretensões de domínio do sistema do poder e do dinheiro. Não é por acaso que a ideologia neoliberal contemporânea usa de todos os meios para subtrair à apreciação pública – entregando-a ao saber dos especialistas – as decisões sobre os rumos da economia e da sociedade. Essa é uma forma de privatizar o espaço público e degradar a cidadania.

3
A globalização da estupidez*

Os crentes nas virtudes redentoras do capitalismo globalizado e sem peias costumam qualificar os críticos destas tendências, ou aqueles simplesmente céticos quanto aos resultados da empreitada, de "nostálgicos" dos anos 50 e 60. Se o cosmopolitismo monoglota dos "novos progressistas" brasileiros não estivesse confinado às fronteiras culturais de Miami, mesmo quando estão em Roma, Londres ou Paris, seria o caso de cumprimentá-los pelo acerto da constatação. Campeia, de fato, pelo mundo, uma onda de nostalgia em relação aos anos 50 e 60.

Em vez de mundo talvez eu devesse dizer Europa, mas como o resto do mundo tem cada vez mais cheiro e sabor de hambúrguer frito e a cara de um general prognata americano, podemos arriscar a transnominação e tomar a parte pelo todo. Há uma onda

---

* Publicado originalmente em *CartaCapital*, 18 set. 1996.

de nostalgia. Músicos, cantores, escritores, artistas e até mesmo filósofos das décadas de 1950 e de 1960 voltaram subitamente à moda e passaram a ser "curtidos" inclusive pelos mais jovens. Os jornais e as revistas europeias estão repletos de artigos sobre o fenômeno.

As ondas nostálgicas não são incomuns no mundo da cultura popular de massas. Na maioria das vezes, esses surtos de nostalgia nascem e desaparecem sem deixar vestígios, porque podem estar associados ao amadurecimento das gerações que começam a olhar para trás. Se assim fosse, o fenômeno seria apenas um capítulo da sociologia da moda e da psicologia das massas. Desta vez, porém, as evidências apontam para uma coisa mais profunda. Os jovens de vinte e poucos anos entregam-se a devaneios sobre um passado que não viveram. A explicação mais óbvia para este *revival* sem memória é a negação das condições do presente. Desemprego em massa nas faixas etárias mais novas, salários em queda, estagnação pessoal. O filho do operário da Renault ou da Fiat virou doutor, mas trabalha no *delivery* do Pizza Hutt. (Os crédulos da globalização, uma dissidência dos idiotas da objetividade, estariam prontos a festejar este exemplo notável de flexibilidade do mercado de trabalho. Não fossem tão numerosos, esses exemplares impressionariam pela enormidade de sua estupidez.)

A novidade do final do século está na percepção de que as coisas podem andar para trás, que o progresso individual e coletivo não é uma fatalidade. Esse sentimento é cada vez mais intenso, sobretudo entre as classes médias que se tornaram afluentes no período "jurássico" do capitalismo domesticado. É a nostalgia do futuro, isto é, um sentimento que reflete a crise profunda de um valor constitutivo da modernidade: a ideia de progresso. Ou melhor, a ideia de que o progresso material levaria automaticamente ao bem-estar individual e coletivo. Esta, aliás, foi a experiência dos anos dourados do capitalismo, quando submetido aos controles do Estado e da sociedade.

É possível que os beócios da globalização não sejam capazes de avaliar o alcance desta crise da ideia de progresso. Alguém mais atilado – ainda que não necessariamente mais esperto – pode concluir (na boa companhia do filósofo italiano Pietro Barcellona) que estamos diante de um processo de decomposição dos significados imaginários do pensamento liberal.

Isso quer dizer, ensina Barcellona, que o sonho ocidental de construir o hábitat humano somente à base da razão, repudiando a tradição e rejeitando toda a transcendência, chegou a um impasse. O Ocidente não consegue realizar os seus próprios valores de universalismo, progresso da técnica e bem-estar, diz Sérgio Latouche. Pior ainda, a celebração do indivíduo abstrato, sede da razão, cujos impulsos egoístas – na visão liberal – constroem o bem-estar coletivo não consegue esconder as condições morais e materiais cada vez mais miseráveis em que sobrevivem os indivíduos concretos.

O jornalista Claude Julien escreve no *Monde Diplomatique* de setembro que o destino destas incongruências é quase sempre o desastre. *"Les décideurs"*, diz ele observando o panorama europeu, "serão rudemente reconduzidos ao sentido do concreto: a explosão social vai revelar quanto havia de ficção nas teorias de seus especialistas".

Pode ser espantoso – para um leitor de *press releases* ou relatórios de consultores que divulgam a ideologia oficial – que um jornalista sério e respeitado fale em explosão social. Isto para a malta de beldroegas que repassa essa literatura de segunda mão é o cúmulo da nostalgia.

O desconforto social e a inconformidade não são mais problemas das massas empobrecidas do Terceiro Mundo. São sentimentos que se generalizam entre os que viveram a ilusão do progresso ilimitado, ou pelo menos acreditaram que seus pais teriam direito a uma aposentadoria digna, e seus filhos um emprego decente.

4
As críticas e o silêncio*

Os livros de Fernando Henrique, desde *Capitalismo e escravidão* até *Dependência e desenvolvimento na América Latina*, buscaram explicar as especificidades do capitalismo periférico, escapando das armadilhas da transposição imprudente dos níveis de abstração. Aliás, é esta capacidade de trabalhar com os conceitos de forma adequada que diferencia um pesquisador de um ideólogo tagarela.

É surpreendente que depois de tanta briga com as interpretações quadradas e chapadas, Fernando Henrique permita a invasão, sem resistência, em sua sofisticada cidadela analítica, das versões mais vulgares da (Deus me perdoe) teoria da "globalização".

Ainda que lamentável, não foi acidental o tropeço do presidente, ao comentar o que dizem os estudiosos das tendências

---

* Publicado originalmente em *CartaCapital*, 30 out. 1996.

atuais do fluxo de investimento direto estrangeiro. Quase sem exceção, as pesquisas sobre o investimento direto estrangeiro (não só François Chesnais, mas também Paul Bairoch, John Dunning e Robert Wade) mostram, na última década, uma extrema concentração nos países da "tríade" (Estados Unidos, Comunidade Europeia e Japão).

Entre os países em desenvolvimento, é preciso separar os asiáticos, sob influência da estratégia japonesa de reestruturação produtiva e comercial, e o resto. Isso não quer dizer que o Brasil não possa melhorar sua posição como país receptor, sobretudo se for capaz de se desvencilhar da armadilha cambial e monetária em que se meteu.

Esses mesmos estudos e muitos outros mostram, porém, que o desempenho do investimento agregado em cada país depende, fundamentalmente, da capacidade de mobilização de fontes domésticas de financiamento e que na maioria dos casos o investimento direto estrangeiro, criador da nova capacidade produtiva, corre com mais força para os países que revelam maior dinamismo industrial e agressividade exportadora.

Lá pelas tantas, em sua sesquipedal entrevista à *Folha de S.Paulo*, o presidente Fernando Henrique saiu-se com esta: o capital virá para os países emergentes "por uma razão muito simples: você tem um capital excedente no mundo, sobrante. E a lucratividade é muito maior na periferia. A taxa de lucro recomenda que se diversifiquem os investimentos".

É uma das versões da velha tese marxista que prevê a homogeneização do espaço econômico mundial a partir da expansão das forças produtivas e das relações de produção capitalistas, movendo-se do centro para a periferia. O capital duplamente constrangido – de um lado pelo impulso irrefreável à acumulação e de outro pelo encolhimento relativo das oportunidades de valorização nos países centrais – desborda para áreas menos desenvolvidas. *De te fabula narratur*, falava Marx, de forma otimista, do futuro da Índia, espelhado no presente da Inglaterra.

Ensaios sobre o capitalismo no século XX

A história real da expansão capitalista apresentou uma trajetória muito mais complexa do que poderia ser deduzido das "leis de movimento" deste modo de produção. A constituição das distintas formações histórico-sociais do capitalismo envolveu a articulação entre algumas instâncias fundamentais. Vamos tentar defini-las, só para simplificar: 1. uma certa divisão internacional do trabalho; 2. padrões tecnológicos e de organização empresarial; 3. sistemas de crédito e mercados financeiros; 4. formas de concorrência entre as empresas; 5. normas de formação do salário e do consumo dos trabalhadores e de outras camadas assalariadas; 6. regimes monetários, com sua hierarquia de moedas nacionais e regras de gestão; 7. relações entre o Estado, a economia e a sociedade.

As receitas em voga recomendam para os países emergentes populares deduções, em linha direta, dos modelos abstratos da teoria neoclássica. Senão vejamos: a ampla abertura comercial está apoiada na vetusta teoria das vantagens comparativas, sem as tímidas modificações da "nova teoria do comércio"; as privatizações e o não intervencionismo do Estado emanam de um modelo competitivo de equilíbrio geral; a liberalização financeira decorre da hipótese dos mercados eficientes.

A globalização é o novo nome da "mão invisível", a cujos desígnios temos de nos submeter sem tugir nem mugir. O presidente Fernando Henrique, na mesma entrevista em que faz moca dos determinismos e das inevitabilidades, deixou-se apanhar na tarrafa do "capitalismo competitivo", que além de uma abstração discutível é uma realidade improvável do mundo contemporâneo. Mas quem conhece as suas habilidades e os seus talentos sabe que ele só coloca lentes cor-de-rosa para zombar de seus desafetos e encantar seus aliados.

Isso pelo menos é o que se pode deduzir das reações à entrevista. Críticas escassas e um silêncio admirado.

5
Globalização e inserção nacional*

São muitos os que defendem, desde uma posição supostamente "científica", a inevitabilidade de uma inserção passiva das economias nacionais no chamado processo de globalização. Dois pressupostos estão implícitos nesta formulação: 1. a globalização conduzirá à homogeneização das economias nacionais e à convergência para o modelo anglo-saxão de mercado; 2. esse processo ocorre de forma impessoal, acima da capacidade de reação das políticas decididas no âmbito dos Estados nacionais. Para não comprar material de "desmanche" ideológico, seria conveniente relembrar que o processo de globalização, sobretudo em sua dimensão financeira – de longe a mais importante –, foi o resultado das políticas que buscaram enfrentar a desarticulação do bem-sucedido arranjo capitalista do pós-guerra.

---

* Publicado originalmente em *Folha de S.Paulo*, 29 dez. 1996.

As decisões políticas tomadas pelo governo americano, ante à decomposição do sistema de Bretton Woods, já no final dos anos 60, foram ampliando o espaço supranacional de circulação do capital monetário. A política americana de reafirmar a supremacia do dólar acabou estimulando a expansão dos mercados financeiros internacionais, primeiro por meio do crédito bancário – euromercados e *off shores* – e mais recentemente por meio do crescimento da finança direta.

Paradoxalmente, as tentativas de assegurar a centralidade do dólar nas transações internacionais ensejaram o surgimento de um instável e problemático sistema plurimonetário com paridades cambiais flutuantes.

Essas grandes transformações nos mercados financeiros ocorridas nas últimas duas décadas estão submetendo, de fato, as políticas macroeconômicas nacionais à tirania de expectativas volúveis. Não foram poucos os ataques especulativos contra paridades cambiais, os episódios de deflação brusca de preços de ativos reais e financeiros, bem como as situações de periclitação dos sistemas bancários.

Até agora, essas situações foram contornadas pela ação de última instância de governos e bancos centrais da tríade (Estados Unidos, Alemanha e Japão). Apesar disso, não raro, até mesmo países sem tradição inflacionária foram submetidos a crises cambiais e financeiras, cuja saída exigiu sacrifícios em termos de bem-estar da população e renúncia de soberania na condução de suas políticas econômicas.

A inserção dos países nesse processo de globalização, longe de ter sido homogênea, foi, ao contrário, hierarquizada e assimétrica. Os Estados Unidos, usufruindo de seu poder militar e financeiro, podem se dar ao luxo de impor a dominância de sua moeda, ao mesmo tempo em que mantêm um déficit elevado e persistente em conta corrente e uma posição devedora externa.

Japão e Alemanha são superavitários e credores e, por isso, têm mais liberdade para praticar expansionismo fiscal e juros

Ensaios sobre o capitalismo no século XX

baixos, sem atrair a desconfiança dos especuladores. Alguns tigres asiáticos, pelas mesmas razões, também dispõem de certa margem de manobra para promover políticas expansionistas.

O que é decisivo para a autonomia das políticas nacionais é a forma e o grau de dependência em relação aos mercados financeiros sujeitos à instabilidade das expectativas. Países com passado monetário turbulento precisam pagar elevados prêmios de risco para refinanciar seus déficits em conta corrente. Isso representa um sério constrangimento ao raio de manobra da política monetária, além de acuar a política fiscal pelo crescimento dos encargos financeiros nos orçamentos públicos.

Além disso, do ponto de vista comercial, a "inserção internacional" dos países corresponde a padrões muito distintos. Enquanto uns são protagonistas ativos na expansão do comércio internacional, mantendo taxas de crescimento de suas exportações acima da média mundial, outros ajustam-se passivamente, perdendo participação nos mercados.

Essa é a lição que nos oferece a decantada globalização: os países que buscaram preservar um espaço para as suas políticas macroeconômicas são capazes de sustentar taxas reais de juros baixas, administrar taxas de câmbio estimulantes e promover o avanço industrial e tecnológico, garantindo, assim, o robustecimento de seus grupos nacionais privados.

6
Surfistas ideológicos*

George Soros, proclamado "mago das finanças" pela grande mídia global, escreveu um longo artigo na revista *The Atlantic Monthly* intitulado "A ameaça capitalista". Não vá o caro leitor perder-se em divagações sobre os propósitos subversivos do sr. Soros. O texto de doze páginas limita-se a ponderar razões contra a fúria liberalizante dos "fundamentalistas do mercado".

Discípulo de Popper, o financista adverte contra as pretensões de donos da verdade, ostentadas pelos adeptos e convertidos ao credo do livre mercado. Soros apresenta com clareza impressionante a fragilidade dos supostos que sustentam as teorias dos mercados competitivos e livres e denuncia o seu caráter predominantemente apologético.

---

* Publicado originalmente em *CartaCapital*, 19 fev. 1997.

As falácias desta nova crença são por demais conhecidas e não paga a pena rebobinar os argumentos para passar filme velho. Mas é sem dúvida impressionante o número de convertidos que se tornaram fanáticos do *laissez-faire*.

Uma boa parte destes novos adeptos, a maioria deles, é constituída de surfistas ideológicos, como bem lembrou uma atilada leitora da *Folha de S.Paulo*, em carta enviada ao jornal. Esses surfistas, obedecendo a impulsos incontroláveis, montaram na onda do esquerdismo quando os ventos sopravam na direção do socialismo. Mudou o vento, subiram em outra onda, mais promissora.

O colapso do socialismo, como toda tragédia, produziu um número considerável de mortos e feridos. Já falamos dos vivos. Entre os mortos, a maioria sempre acreditou que o mundo estava dividido entre os bons e os maus e que a luta culminaria em algum tipo de escatologia redentora.

Se estamos falando de mortos, a mudança de posição ou de estado destes desgraçados é apenas aparente. Senão vejamos. O movimento, neste mundo, é uma mera reiteração das oposições entre formas imutáveis: Estado contra mercado, economia aberta contra economia fechada, livre iniciativa *versus* intervencionismo, concorrência *versus* monopólio. Enfim, o mal contra o bem.

A transformação para os defuntos não é uma passagem dolorosa, própria dos processos vitais e das transições históricas. O convertido continua do lado da verdade, só que a verdade estava do outro lado. Soros reconhece que o fundamentalismo do *laissez-faire* não é diferente, em essência, dos fundamentalismos que sustentaram as experiências do socialismo real. Ambos têm em comum a certeza do conhecimento da verdade "última" que pretendem ter atingido a partir de procedimentos científicos.

Soros desdenhosamente acusa a teoria dos mercados competitivos – cujas forças fundamentais movem a economia continuamente para a senda do equilíbrio e da estabilidade – de pertencer à categoria de superstições científicas contaminadas irremediavelmente pelo determinismo. A partir de uma concepção ultra-

Ensaios sobre o capitalismo no século XX

passada do método científico, a teoria econômica pretende tirar conclusões práticas relevantes, recomendar políticas e impor reformas.

Usando o exemplo dos mercados financeiros, Soros diz que o pensamento dominante propõe a desregulamentação a qualquer preço, ignorando solenemente as lições da história do século XX. Neste século foram inúmeros os episódios de instabilidades, turbulência e crises financeiras. Ele não se conforma com a estrutura binária do raciocínio dos liberais contemporâneos: se as regulamentações são defeituosas, então os mercados liberalizados são perfeitos.

Seja qual for a interpretação mais correta das crises financeiras, mais importante é a constatação do caráter reducionista do pensamento que se arroga foros de cientificidade. Sua função não é propriamente a de indagar ou investigar, se não a de simplificar: certo ou errado, bem ou mal.

A ciência aproxima-se assim do pensamento mítico. Este, aliás, é um dos fenômenos mais espetaculares deste final de século e atinge com maior intensidade as chamadas ciências humanas. A economia, como sempre, está na vanguarda deste processo de empobrecimento conceitual, destroçada pelas exigências da prática política e da apologética sem limites. Paradoxalmente este processo de esvaziamento teórico se faz em nome da despolitização e da "limpeza ideológica", da aproximação da economia do paradigma atribuído às ciências da natureza, em particular da física.

Estas, ao contrário, vêm evoluindo na direção da complexidade, dos processos irreversíveis e das trajetórias caóticas.

91

7
O mal-estar da globalização*

A ideia de globalização ocupa hoje um enorme espaço no imaginário social. Em seu sentido mais usual e também mais ideológico, essa palavra pretende sintetizar a natureza e a direção das mudanças em curso. Ela procura, na verdade, exprimir algumas tendências centrais: 1. homogeneização do espaço econômico e, consequentemente, a submissão crescente das políticas econômica e social às normas "racionais", ditadas pelo mercado; 2. aproximação entre as configurações institucionais, os estilos de vida e os padrões culturais das sociedades. Essas concepções não conseguem esconder o seu código genético. São descendentes em linha direta do universalismo e do progressismo iluministas, cujos genes permitiram o nascimento e o desenvolvimento do ideário liberal e do marxismo.

---

* Publicado originalmente em *CartaCapital*, 19 mar. 1997.

Para os liberais, a universalização das formas de convivência engendradas pelo mercado são as únicas capazes de preservar a liberdade do indivíduo contra as pretensões de despotismo do poder político. Para os marxistas, a universalização da forma mercadoria, realizada por meio do "natural" expansionismo capitalista, só poderá realizar suas promessas de liberdade, igualdade e fraternidade quando sua dimensão despótica, particularista e destrutiva for domesticada pela ação política dos produtores diretos. Serão estes que, voluntariamente associados, serão capazes de impor a administração racional das coisas e garantir a liberdade do indivíduo.

Há quem, com razão, lance suspeitas sobre esses códigos deterministas. Imaginam que a disseminação das formas mercantis, promovida pela expansão do capitalismo, mesmo nos momentos de maior pujança, vá encontrar sérios obstáculos em seu incessante trabalho de reduzir os "conteúdos" do mundo da vida às abstrações do sistema governado pela lógica do dinheiro. Para estes, a invasão da racionalidade instrumental e da lógica impessoal dos sistemas "autonomizados" nas esferas de vida em que deveriam se realizar a liberdade, a solidariedade e a autonomia do indivíduo vai provocar a resistência crescente das sociedades.

Um mal-estar se dissemina pela Europa. Naturalmente o desconforto dos franceses, italianos, belgas, alemães e austríacos, entre outros, não vem sendo causado pela miséria que rói o estômago. Giancarlo Bosetti – diretor editorial da revista italiana *Reset* – imagina que o fim das escatologias salvacionistas, as crises dos grandes partidos de massa, o eclipse do conflito central entre capital e trabalho não só desnudaram impiedosamente as desigualdades, como também roubaram todas as esperanças dos perdedores.

O individualismo agressivo e a ética intolerante dos vencedores não deixam ao desamparado, ao inferiorizado, senão a alternativa de massacrar a própria autoestima. A "individualização" do fracasso não permite ao derrotado compartilhar com os outros um destino comum provocado pela desordem do sistema social. O reconhecimento social é uma preciosa forma de remuneração não monetária. E essa retribuição – continua Bosetti – torna-se cada vez mais escassa quando o desemprego e a desigualdade prosperam em meio a uma eufórica comemoração do sucesso do indivíduo. A perda da autoestima se transfigura em ressentimento, e daí as explosões de racismo, de xenofobia, de recusa do *outro*, seja ele quem for. Seria no entanto fácil dizer que o fenômeno se esgota na recusa da *alteridade*. Infelizmente, parece que a negação do outro também é a força que reúne esses coágulos sociais dispersos e desorientados e os transforma numa massa enfurecida e raivosa.

O filósofo Richard Rorty espanta-se com a disposição das classes inferiores americanas de lutar simultaneamente a favor das conquistas do Estado do Bem-estar e contra a ação afirmativa e a permissão do aborto. Espanta-se porque a sua cabeça de "liberal" não pode conceber as duas reivindicações senão como dimensões da mesma estratégia de combate dos desfavorecidos.

O populismo de direita é o fantasma que assombra a Europa e por certo não deixará incólumes os Estados Unidos.

8
O renascimento do *Homo oeconomicus**

Na Suíça, um ato de protesto contra a Organização Mundial do Comércio provocou distúrbios e quebra-quebras. Os manifestantes investiam contra o liberalismo da instituição e pediam maior conteúdo social ao processo de globalização.

Disseminada pela mídia e repetida com ardor em círculos semi-ilustrados, corre pelo Brasil afora a notícia de que o processo de globalização e suas consequências são inevitáveis. Algo assim como a lei da gravidade. O presidente Fernando Henrique, aliás, vem repetindo à saciedade que a única opção oferecida aos povos e a seus governos os coloca diante da escolha entre a integração soberana e a integração sem adjetivos.

Já se falou muito sobre a tal globalização, sobre a maior integração das economias, sobre os incontroláveis processos de

---

* Publicado originalmente em *CartaCapital*, 27 maio 1998.

automação e de informatização, sobre a terceirização e o fim do trabalho sobre o poder dos mercados financeiros.

Todas essas tendências são apresentadas frequentemente de forma exagerada e não raro apologéticas. Assim, o inevitável torna-se também bom e desejável, fazendo vibrar, nos corações mais inocentes, aquela corda que nos faz almejar pelo progresso da humanidade.

Os acontecimentos recentes da Europa mostram, no entanto, que é cada vez maior o número de cidadãos que não concordam com a mão única que pretendem impor às suas vidas. A sensação entre as classes não proprietárias é de que, de uns tempos a esta parte, aumentou a insegurança. Além do desemprego crônico e endêmico, estão sob ataques constantes o emprego estável e bem-remunerado e as instituições do Estado de bem-estar, que ao longo das últimas décadas vêm assegurando, nos países desenvolvidos, o direito, por exemplo, a uma velhice tranquila. Os que se revoltam contra as políticas neoliberais sabem que o conjunto de reformas (*sic*) propostas pretende, na verdade, restituir ao mercado aquilo que foi encampado pelo avanço da cidadania, depois dos conhecidos desastres das primeiras décadas do século XX.

O exemplo mais claro dessa ameaça é a tentativa de substituir, no financiamento da Previdência Social, o sistema de repartição simples pelo sistema de capitalização. Apoiados em duvidosas evidências atuariais, os governos pretendem, na verdade, alcançar dois objetivos. Primeiro, escapar da discussão sobre como financiar a Previdência Social diante das novas condições demográficas e dos mercados de trabalho. Segundo, entregar a massa enorme e apetitosa da poupança compulsória dos candidatos à aposentadoria à gestão das grandes e vorazes instituições financeiras modernas.

O resultado é que a segurança dos velhinhos estará sujeita aos azares dos mercados financeiros.

Essa sensação de insegurança é o resultado dos avanços, em todas as esferas da vida, das normas da mercantilização e da con-

Ensaios sobre o capitalismo no século XX

corrência, como critérios dominantes da integração e do reconhecimento social.

Se tomamos diante desses fenômenos uma perspectiva mais ampla, é possível concluir que estamos observando a "reconstrução" de um tipo de sujeito funcionalmente adequado às exigências de operação da máquina econômica. Trata-se do renascimento do *Homo oeconomicus*, aquela invenção triunfante da filosofia radical e da economia política do século XVIII, que postulavam o ser social reduzido às determinações da satisfação dos desejos por intermédio de uma razão viciada em adequar os meios aos fins.

A economia política buscava e busca apresentar esta sua construção, o *Homo oeconomicus*, como o fundamento das leis naturais que induzem o indivíduo à troca e, portanto, o submetem inevitavelmente à concorrência, como mecanismo de conciliação dos interesses privados. Essa naturalização das instituições sociais e humanas é o mais conhecido truque intelectual dos defensores puros e duros da superioridade do mercado sobre as outras formas de integração social.

"O homem produz o homem", dizia o velho Marx, insurgindo-se contra as pretensões de naturalismo dos economistas clássicos. Insurgia-se, na verdade, muito mais contra os epígonos, cujos descendentes, diga-se, nos dias de hoje, repetem incessantemente que a globalização – aliás, a vitória da mercantilização e da concorrência – é inevitável. Há fortes indícios, no entanto, de que o homem real que habita as sociedades contemporâneas e avançadas não deseja, outra vez, submeter-se ao molde estreito do *Homo oeconomicus*, a pretendida natureza humana gerada nas retortas da economia política.

99

9
O caminho dos bem-sucedidos*

Ouvi muitas vezes de gente graúda que, nestes tempos de límpidas certezas, vivemos um paradoxo: enquanto a direita toma a iniciativa das reformas, a esquerda encastela-se em posições conservadoras. O primeiro-ministro trabalhista da Inglaterra, Tony Blair, tem usado esse argumento para justificar a busca de uma terceira via, em que o dinamismo do mercado possa ser combinado com preocupações com a equidade e com a justiça social. Na mesma toada, nosso rei-sociólogo, Fernando Henrique Cardoso, tem sido incansável em acusar seus adversários de requentar o ideário da "esquerda retrógrada", empenhada em manter o *status quo* e defender privilégios. Essa troca de posições entre progressistas e conservadores parece ser um dos mais fascinantes quebra-cabeças deste final de século.

---

* Publicado originalmente em *CartaCapital*, 22 jul. 1998. Esta edição contém passagens de: Economia e política. *Folha de S.Paulo*, 11 fev. 2001.

101

Na prática, o pensamento, que poderíamos chamar provisoriamente de neoprogressista, tenta demonstrar que, com o fim da competição entre os dois sistemas, o capitalismo e o socialismo, não há outra alternativa para as sociedades, ricas ou pobres, senão a economia de mercado e a democracia representativa. Aliás, aos pobres e remediados do mundo, sejam eles países, classes sociais ou indivíduos, não restaria outra opção senão trilhar o caminho dos bem-sucedidos.

Para os neoprogressistas, a história das sociedades deve chegar ao fim quando "a propensão natural para a troca" e para o comércio triunfar definitivamente sobre os artificialismos da política, entendida como invenção de instituições e mitos coletivos, destinados a colocar empecilhos à ação racional dos indivíduos livres. Apresentados não só como as formas "naturais", mas também superiores da sociabilidade, os nexos monetários e mercantis aparecem como as condições para se alcançar simultaneamente a Liberdade, a Igualdade e a fruição da máxima Utilidade para todos. A fórmula do mercado não só garante – diante das restrições de recursos e da tecnologia – os melhores resultados possíveis do metabolismo econômico, como também oferece o modelo ideal para as relações entre governantes e governados, a democracia representativa.

Dessa forma, os liberais-conservadores estão sempre tentando reinventar a roda, ou seja, a Ordem Liberal do século XIX, renovando a fé na capacidade de autorregulação do mercado. Para essa turma, o conflito entre racionalidade econômica e avanço democrático – este último compreendido como a ampliação dos direitos sociais e econômicos e a definição de normas de proteção contra os azares e os caprichos do mercado – deve sempre ser encaminhado no sentido de preservar a "racionalidade" econômica, definida com base em seus fundamentos capitalistas.

É inegável que haja uma tensão permanente nas relações entre capitalismo e democracia. Aos liberais parece possível reduzir o conflito por meio do encolhimento do tamanho do Estado e da redução de suas funções, despolitizando a economia. As correntes ditas progressistas, acuadas pelo avanço ideológico e político das forças sociais que sustentam a reinvenção do liberalismo, tentam cavar sua trincheira na areia movediça. Imaginam que podem salvar o "social", sem bloquear as tendências atuais do capitalismo.

A democracia moderna, diz Bobbio, significa, na verdade, a imposição de limites ao domínio do econômico, ao jogo da acumulação e do enriquecimento privado para preservar as condições de vida, o meio ambiente, a saúde psicológica dos indivíduos submetidos à "socialização" do mercado. A realidade deste final de século parece indicar que os agentes privados que controlam a criação de riqueza estão cada vez menos dispostos a tolerar restrições impostas por orientações emanadas de critérios "sociais" e políticos. Muitos, ao tomar conhecimento das dificuldades reais enfrentadas pela luta ideológica, social e política das classes subalternas, dão "adeus às armas", aderindo às vulgaridades do economicismo.

Nas últimas décadas, o refrão do caminho único conseguiu aceitação tão completa que chega a colocar no ridículo os arroubos deterministas de certos seguidores de Marx. Essa escatologia do Fim da História, tal como apanhada às pressas de alguma interpretação da filosofia da história de Hegel, é a glória mas também a miséria do novo pensamento das classes cosmopolitas e dominantes, que espalham a sua descoberta de Nova York a Jacarta, de Londres a Buenos Aires. Glória, porque, finalmente, foi possível arrebatar o estandarte do progressismo das mãos dos adversários de morte, que julgavam ter a sua posse definitiva. Miséria, porque a queda do "Império do Mal" não interrompeu, antes acelerou, o avanço da barbárie. Sob muitas máscaras, ela ameaça os fundamentos da ordem burguesa ao promover o fracionamento das sociedades, cada vez mais divididas entre os integrados e os excluídos, ao mesmo tempo em que fomenta a busca desesperada por formas de identificação "primárias", religiosas, étnicas e "tribais" mutuamente hostis e declaradamente inimigas dos valores republicanos. Ao solapar a autoridade do Estado, colocando em questão a sua legitimidade, a barbárie moderna faz também periclitar o monopólio da violência, abrindo caminho para a guerra de todos contra todos. Tais incômodos, para os novos panglossianos, são apenas sobrevivências de um conflito moribundo, que será inevitavelmente debelado pela força conciliadora do Espírito.

Nas *Teses sobre a história*, Walter Benjamin rebelava-se contra as versões social-evolucionistas do pensamento de esquerda. Para Benjamin, o historicismo, assim como as filosofias da história, pretendem congelar a imagem "eterna" do passado, enquanto o presente se transforma apenas num ponto de passagem para o futuro. O futuro pode ser projetado, como uma ponte que atravessa um tempo homogêneo e vazio: o progresso está lá, irremediavelmente à espera de ser desvendado pela Razão.

Benjamin sustentava que o materialismo histórico, ao contrário, deveria imaginar o presente como a apropriação das experiências passadas, na perspectiva de construção do futuro. O presente é, assim, o ponto de aglutinação entre o que foi conquistado no passado, pelas lutas sociais, e a inovação, ou seja, a contínua descoberta de novas possibilidades pela ação humana coletiva.

Não haverá descanso, nem fim, neste trabalho de derrubar as barreiras que se opõem à autonomia dos indivíduos. O alegado conservadorismo da esquerda pode ser entendido, assim, como uma reação à tentativa do neoprogressismo burguês de fazer a história retroceder, em nome do progresso, para os tempos da subordinação irremediável do destino das pessoas aos caprichos de uma suposta "lógica" férrea da economia.

10
Dinamismo e dinamite*

A crise financeira internacional ingressa numa fase aguda e as lideranças mundiais entram em pânico. O pai da "terceira via", o primeiro-ministro inglês Tony Blair, convocou uma reunião de emergência do G-7. Quer tratar da situação da Rússia. Helmut Kohl e o trêfego Bill Clinton avisam, no entanto, que, "sem reformas, nada de grana". Brincam de acender charuto num depósito de dinamite.

Charuto pra cá, charuto pra lá, o fato é que não faltam nem miopia nem tibieza nas visões e nas atitudes das lideranças mundiais nos últimos vinte anos. Alguns por convicção, outros por comodismo, muitos por impotência, todos foram incapazes de compreender as consequências das políticas de liberalização e desregulamentação financeira que estimularam ou toleraram.

---

* Publicado originalmente em *CartaCapital*, 16 set. 1998.

Foi o endurecimento da competição entre os sistemas financeiros e industriais, amparados pelos respectivos Estados nacionais, que promoveu a farra da liberalização e desregulamentação no mundo dos negócios e da finança. Paradoxalmente, o desenvolvimento dos mercados financeiros e cambiais livres e desimpedidos só foi possível depois que, desde o início dos anos 70, os estoques de dívida pública americana e europeia passaram a funcionar como base e referência da "securitização" das dívidas privadas.

A versão convencional desse processo pretende ensinar que a crescente necessidade de financiamento de governos gastadores e perdulários ensejou a internacionalização dos mercados financeiros nos anos 70 e 80. Muito ao contrário: foi a perda de dinamismo das economias capitalistas desde o final dos anos 60 que suscitou os déficits fiscais e as intervenções de "última instância" dos bancos centrais. Os déficits sustentaram os lucros das empresas, as rendas das famílias, num ambiente de "estagflação". A dívida pública passou a substituir, na carteira dos bancos privados, a fraca propensão ao endividamento do setor privado.

A boa retórica, no entanto, era a que celebrava o mercado e suas virtudes. Reagan mais do que Thatcher, os pioneiros do besteirol ideológico, tinham lá suas razões: tratavam de abrir espaço para a expansão de seus sistemas industriais e financeiros, acuados pelo florescimento de novas economias pujantes na Europa e na Ásia. Era preciso fazer isso, ainda que o preço fosse alto: conviver com maior volatilidade nas taxas de juros e de câmbio e a derrocada do dólar enquanto moeda-reserva.

No início dos anos 80, a crise da dívida externa do Terceiro Mundo e a *reaganomics* com seus enormes déficits fiscais e comerciais, aliadas às políticas europeias de austeridade, deram impulso formidável à internacionalização das dívidas públicas e ao fortalecimento do dólar. E isso, naturalmente, estimulou ainda mais o processo de securitização, agora também apoiado na demanda originada no crescimento espetacular dos fundos de pensão e dos fundos mútuos. É impossível pensar na formação de fundos de pensão ou fundos mútuos, na escala em que existem atualmente, sem a presença dos papéis seguros do Tesouro dos Estados Unidos ou da Alemanha.

Ao longo dessa trajetória, sucederam-se crises de liquidez localizadas, sempre enfrentadas por meio do relaxamento das políticas monetárias ou de intervenções nos mercados de câmbio, o que provocou e vem provocando movimentos de valorização/ desvalorização dos enormes estoques de riqueza financeira, denominados em moedas distintas.

Tais intervenções serviram para dar aos investidores a sensação de que os governos não permitiriam a realização de perdas generalizadas ou pronunciadas para os que se metiam em aventuras perigosas. É nesse quadro que, no início dos anos 90, nascem os gloriosos "mercados emergentes" e suas celebradas políticas de estabilização com âncora cambial. Elas são fruto do movimento de expansão da finança securitizada e desregulamentada para a periferia. É ingênuo pretender que esses programas não engendrassem a valorização da taxa de câmbio real, a abertura desordenada das economias, a destruição da indústria local, os déficits em transações correntes e, finalmente, a crise cambial.

Por isso mesmo, é enganosa a ladainha que exalta as virtudes da estabilização e condena suas consequências ou seus pecados. As virtudes são a fonte de suas desgraças. Era possível, por certo, melhorar aqui ou acolá, mas os senhores da finança liberalizada e desregulamentada acabariam por impor suas razões e seus métodos. Entregar os destinos de uma economia continental e industrializada como a brasileira a esses mercados caprichosos e inconfiáveis, chamando a isto de "estabilização", é mais uma façanha notável das classes proprietárias e cosmopolitas de Pindorama.

11
O ouro dos trouxas*

A restrição do Canadá à importação da carne brasileira revela que há mais gente doida no mundo dos negócios do que vacas loucas pastando por aí. Não pense o leitor que, num arroubo nacionalista, o modesto autor destas linhas pretenda enfiar num hospício os canadenses. Os malucos são tropicais, gente bronzeada que em outro tempo pretendia mostrar seu valor.

O Brasil – leia-se o governo FHC – entrou de gaiato no jogo da globalização. Aceitou as regras da OMC e as reformas estruturais patrocinadas pelo FMI e pelo Banco Mundial sem informar aos cidadãos brasileiros que, na verdade, estava entregando a economia do país às práticas truculentas dos beneficiários das novas relações comerciais e financeiras.

---

* Publicado originalmente em *CartaCapital*, 28 fev. 2001.

Vou dar a palavra ao economista Dani Rodrik, professor da John Kennedy School of Government e um dos mais respeitados especialistas em questões de comércio, finanças e desenvolvimento. Diz ele, num artigo a ser publicado na revista *Foreign Policy*, edição abril-maio de 2001:

> As regras para a admissão na economia mundial não só refletem despreocupação com as prioridades do desenvolvimento como são alheias aos princípios econômicos mais sólidos. As regras da OMC sobre antidumping, subsídios e medidas compensatórias, agricultura, têxteis e propriedade intelectual não têm qualquer outra razão econômica a não ser *os interesses de um conjunto limitado de grupos poderosos nos países industrializados.* É difícil vislumbrar as vantagens dessas regras para os países em desenvolvimento ... Os códigos que definem os padrões financeiros estão fortemente apoiados no estilo anglo-americano de governança das empresas, isto é, num modelo de baixo comprometimento dos bancos com as empresas. Trata-se na verdade de vedar o caminho alternativo seguido durante muitos anos por países hoje desenvolvidos, como Alemanha, Japão e Coreia do Sul.

A matéria sobre a China, assinada nesta edição pelo jornalista Jamil Chade, mostra que é possível a um país soberano colocar condições para aderir às novas regras forjadas nos fóruns onde predominam os interesses do G-7 e, particularmente, dos Estados Unidos e de suas empresas.

O governo brasileiro entregou a alma apostando numa relação privilegiada com os césares da Nova Roma. Para tanto, valeu-se dos instintos de um presidente deslumbrado consigo mesmo. Ainda é difícil dizer se é mais esperto do que parece ou menos arguto do que imagina. De qualquer forma, estamos diante de uma clonagem perfeita do espírito de seus súditos ricos e bonitos.

É inegável que, hoje, a expansão da economia globalizada vem se realizando sob o comando do capital financeiro que estimula a rivalidade entre as grandes empresas, com o apoio dos pode-

Ensaios sobre o capitalismo no século XX

rosos Estados nacionais, os que realmente mandam no FMI e na OMC. Os grandes capitais empreendem fusões gigantescas e se voltam à conquista bucaneira dos mercados que, depois de ocupados, transformam-se em reservas de caça dos grandes monopólios. É o que acontece, aliás, de forma escandalosa, com os setores de alta tecnologia, inclusive o farmacêutico.

Sob o manto protetor dos organismos multilaterais e de suas políticas supostamente liberais, a concorrência capitalista produz o monopólio e levanta barreiras à entrada de novos competidores. A concorrência entre as frações internacionalizadas do capital monopolista e sua cara financeira, a mobilidade do capital líquido, impõem o enfraquecimento dos sindicatos, ao mesmo tempo que aceleram o processo de concentração do capital e da riqueza. Isso reverteu as tendências a uma maior igualdade – tanto entre os países quanto entre as classes sociais – durante o prolongado ciclo de crescimento ocorrido nos Trinta Anos Gloriosos.

Paradoxalmente, as regras e os procedimentos da economia *regulada* – aquela que prevaleceu entre o fim da Segunda Guerra Mundial e meados dos anos 70, a chamada era keynesiana – eram muito mais favoráveis à concorrência e à difusão do avanço tecnológico e industrial. Nesse "espaço de concorrência" as economias periféricas puderam promover políticas de crescimento e de incorporação do progresso técnico, muitas delas a ponto de se tornarem temíveis competidoras dos países industrializados.

12
A ditadura dos mercados*

Nos últimos vinte anos, houve um aumento significativo da desigualdade e da pobreza, tanto nas sociedades avançadas quanto nas regiões periféricas. Até meados dos anos 70, é bom lembrar, o crescimento econômico nos países desenvolvidos foi acompanhado do aumento dos salários reais, da redução das diferenças entre os rendimentos do capital e do trabalho e de maior igualdade dentro da escala de salários.

A argumentação liberal-conservadora sustenta que o aparecimento e o crescimento destas formas espúrias de ocupação da força de trabalho, a estagnação no valor real das remunerações, a ampliação dos bolsões de pobreza e de exclusão social devem ser creditados ao egoísmo e ao "corporativismo" dos que ainda se apegam à segurança e à garantia dos "velhos empregos". Essa

---

* Publicado originalmente em *Valor*, 25 abr. 2002.

resistência às "inevitáveis" transformações tecnológicas e organizacionais acaba prejudicando a oferta de empregos, porque as empresas, diante da concorrência exacerbada, só podem responder ao desafio com o avanço da "flexibilização", contornando a legislação que pretende regulamentar as relações trabalhistas. Mas essa explicação do fenômeno é mais falsa que uma nota de quinze dólares. Nos países em desenvolvimento, as políticas de liberalização financeira, ademais de agravarem as condições de vida dos mais pobres, afetaram negativamente o crescimento econômico. No Brasil e, sobretudo, na Argentina, a abertura financeira inflou os passivos externos e a dívida pública e facilitou as aquisições de empresas locais em todos os setores. O resultado foi a fragilização do balanço de pagamentos, a crescente imobilização da política fiscal e a subordinação da política monetária à alternância de otimismo e pessimismo nos mercados globais.

Mobilidade do capital financeiro e, ao mesmo tempo, centralização do capital produtivo à escala mundial, essa convergência tem suscitado surtos intensos de demissões de trabalhadores, maníaca obsessão com a redução de custos. A forma financeira é a mais geral e abstrata de existência da riqueza capitalista. Ao mesmo tempo em que fala a linguagem da liberdade de movimentos, impulsiona a centralização do capital, promove o endurecimento do controle sobre os assalariados e dependentes "terceirizados", impõe a intensificação da concorrência sem quartel entre as empresas gigantescas.

Há quem se irrite com a menção do Consenso de Washington como origem e destino das políticas liberais na América Latina. A irritação é sintoma da miopia interessada. Basta olhar em volta e observar que as novas estratégias de "integração" à economia mundial e de "modernização" das relações entre Estado e mercado foram iguais em quase todos os países da região e produziram os mesmos resultados econômicos e sociais desapontadores.

Foi grande a decepção causada pela descoberta de que a vitória contra a inflação e as reformas pró-mercado não produzem

Ensaios sobre o capitalismo no século XX

necessariamente mais empregos, melhores condições de vida e um futuro melhor para os filhos. A sensação dos brasileiros é de profunda insegurança. E a insegurança produz o mal-estar de forma ampliada numa sociedade desigual e com perspectivas de baixo crescimento e lenta mobilidade vertical para a maioria.

Se o assunto é a dependência dos humores mercuriais dos mercados financeiros globalizados, seria útil fazer um esforço para estudar as experiências da Índia e da China. Um estudo da OCDE mostra que as duas grandes economias asiáticas, entre 1990 e 1999, deram um banho em seus rivais latino-americanos, Brasil e México. Índia e China apresentaram um crescimento médio anual da renda *per capita* de 3,7% e 6,4% respectivamente. O Brasil cresceu apenas 1,0% e o badalado México foi um pouco melhor, chegando a 1,16%.

Índia e China, ao longo da década, cuidaram de exercer controle seletivo e rigoroso sobre a entrada e a saída de capitais, evitaram o endividamento privado em moeda forte e dirigiram o investimento direto estrangeiro para impulsionar as exportações e substituir importações de forma eficiente.

Os estudos mais recentes sobre a questão do endividamento em moeda estrangeira recomendam: a forma mais indicada para escapar de uma nova "crise da dívida" é evitar a recaída no conto da "poupança externa". A história mostra – conforme estudo recente de Michael Bordo e Marc Flandreau, economistas do National Bureau of Economic Research – que são inevitáveis e recorrentes as crises cambiais e financeiras nos países da periferia, sempre incapazes de emitir dívida em sua própria moeda ou de proteger suas economias contra os vendavais financeiros vindos dos países centrais.

115

13
A mão invisível ataca no trópico*

O predomínio das formas patrimoniais e financeiras vem levando à exasperação os conflitos entre capitalismo e democracia. Na era do capitalismo da finança desgarrada, nem mesmo os dados do FMI e do Banco Mundial conseguem esconder que as desigualdades se acentuaram *urbi et orbi*. É cada vez mais intolerável para indivíduos e países mais fracos a sensação de que seu cotidiano e seu destino estão sendo invadidos pelas tropas de uma "racionalidade" que sufoca suas vidas e as de seus filhos. Há um abismo entre as promessas de progresso para todos e a realidade do aumento da pobreza e da desigualdade. Por isso mesmo, apesar do bombardeio dos meios de comunicação, não há como sustentar as "ilusões necessárias" para uma reprodução "estável" das relações sociais: a violência é essencialmente uma reação

---

* Publicado originalmente em *CartaCapital*, 26 jun. 2002.

pragmática e ensandecida dos que foram expropriados das utopias da liberdade, igualdade e fraternidade. Não é fácil esconder a fratura entre a liberdade que se proclama e a submissão que se exige.

No entanto, são cada vez mais frequentes as arengas dos economistas, sacerdotes da religião dos mercados, contra as tentativas dos simples cidadãos e cidadãs de barrar a marcha do *Moloch* insaciável e ávido por expandir o seu poder. A grita dos sábios da finança é desferida contra os "desvios" da política, os surtos de "populismo". Com esses *slogans* os ideólogos pretendem enquadrar a sociedade na camisa-de-força de uma suposta racionalidade econômica.

Os mercados e seus agentes, diga-se, não estão nem certos nem errados. Estão simplesmente obrigados a tomar decisões que, em seu imaginário peculiar, são as apropriadas para proteger ou acrescentar o valor de sua riqueza. Na verdade eles são "pensados" por uma lógica autorreferencial que não controlam. Não raro, o resultado de suas apostas é catastrófico para o conjunto da sociedade.

Todos estão permanentemente ameaçados por competidores implacáveis, bolhas financeiras, crises cambiais, deslocamentos tectônicos nas condições de produção e de comércio.

O Plano Real, por exemplo, foi deflagrado numa conjuntura em que a fadiga da sociedade brasileira com os fracassos anteriores no combate à praga inflacionária já se transformava em desespero. Por razões estranhas à nossa vontade, o longo período de escassez de financiamento externo privado chegou ao fim no início dos anos 90.

Para o bem ou para o mal, os novos mercados financeiros "securitizados" buscavam avidamente oportunidades de ganho em praças consideradas de maior risco. Esta é história velha e conhecida. Também é sabido que, com a volta dos capitais, foi possível revigorar antigos cacoetes do liberalismo, apresentados como o "último grito" da moda econômica, já lançados por Reagan e Thatcher no circuito Nova York-Londres.

O que era um sonho de muitos brasileiros, os capitais irrequietos e brincalhões, estava prestes a transformar-se numa ten-

Ensaios sobre o capitalismo no século XX

tadora realidade. Maravilha das maravilhas. A mão invisível, finalmente, em ação nos trópicos.

As palavras de ordem eram: abertura comercial, liberalização das contas de capital, desregulamentação e "descompressão" dos sistemas financeiros domésticos, reforma do Estado, incluindo a privatização da seguridade social e o abandono das políticas de fomento à indústria e à agricultura. O apetite voraz dos brasileiros ricos e bonitos por produtos e ideias de origem estrangeira sempre foi notório. Na onda recente de globalização e exaltação do liberalismo econômico, tal voracidade encontrou farto repasto.

A rejeição ao "nacional" não só atingiu os níveis mais profundos daquelas almas nativas, mas também conseguiu angariar novos adeptos. Desde os anos 30 não se via coisa igual. A rejeição é mais profunda, porque atingiu de forma devastadora os sentimentos de pertinência à mesma comunidade "de destino", suscitando processos subjetivos de diferenciação e desidentificação em relação aos "outros"; ou seja, à massa de pobres e miseráveis que "infesta" o país. E essa desidentificação vem assumindo cada vez mais as feições de um individualismo agressivo e antirrepublicano. Uma espécie de caricatura do americanismo.

A rejeição também foi mais "ampla" porque essas formas de consciência social contaminaram vastas camadas das classes médias: desde os "novos" proprietários, passando pelos quadros técnicos intermediários até chegar aos executivos assalariados e à nova intelectualidade formada em universidades estrangeiras ou mesmo em escolas locais que se esmeram em reproduzir os valores e hábitos forâneos. Isso para não falar do papel avassalador da mídia, nacional e estrangeira.

É ocioso dizer que tais expectativas e anseios não são um desvio psicológico, mas deitam raízes profundas na desigualdade que há séculos assola o país. Produtos da desigualdade secular e daquela acrescentada no período do desenvolvimentismo, as "classes cosmopolitas" têm sido, ao mesmo tempo, decisivas para a reprodução do *apartheid* social e impiedosas na crítica ao de-

119

senvolvimento nacional, a partir de um primeiro-mundismo abstrato e, não raro, vulgar.

Examinado à luz de um projeto nacional capaz de integrar os mais pobres, o cosmopolitismo das classes endinheiradas e remediadas revela o seu caráter parasitário e antirrepublicano. Parasitário, sim, porque – amparado na internacionalização e na financeirização da riqueza e da renda dos estratos superiores, na diferenciação do consumo dos segmentos médios – implica uma modernização restrita da economia, com seu séquito de destruição de empregos e exclusão social.

A dimensão individualista e antirrepublicana dessas formas de consciência, por outro lado, vem produzindo a destruição do Estado, até mesmo de sua função essencial de garantir a segurança dos cidadãos. Isto para não falar no bloqueio sistemático – imposto pela fuga descarada das obrigações fiscais – da universalização das políticas de saúde, educação e previdência que, aliás, definem a "modernidade" nos países realmente civilizados.

Há uma busca desesperada de refúgio no privatismo: escolas privadas, medicina privada e previdência privada. Não é à toa que os mais afoitos não mais conseguem distinguir o que é público do que é privado. Isso acentua a repulsa pelas contribuições para o fundo público por parte dos endinheirados ou daqueles que, por ora, apenas se candidatam a esta condição de superioridade econômica e social. Não se sabe quantos conseguirão dobrar o Cabo da Boa Esperança, mas, pelo andar da carruagem, é possível estimar que seu número não será significativo.

A despeito do talento e da pertinácia do presidente Fernando Henrique e de sua equipe, não só a eles cabe a glória de haver produzido a crise. Os "pecados" de concepção e de administração do Plano Real não são daqueles que podem ser cometidos solitariamente por economistas, ministros da Fazenda ou presidentes da República. Acidentes de tal monta, causados por erros individuais ou por pequenos grupos dirigentes, podem acontecer na história dos povos, mas, com certeza, eles são menos frequentes do que imagina o senso comum.

14
Democracia e capitalismo*

Depois da queda do Muro de Berlim, a teoria social predominante praticamente aboliu a palavra *capitalismo* de seu dicionário. É como se a vitória acachapante sobre o socialismo tivesse, num mesmo golpe, tornado inútil o conceito que designava o sistema triunfante. Trata-se de um estranho jogo dialético: o caráter histórico do capitalismo, afirmado por estudiosos mais autorizados como Marx, Weber, Fernand Braudel e Polanyi, é eternizado numa tosca manobra de "naturalização" das relações sociais e econômicas. *There is no alternative*, proclamava a senhora Margaret Thatcher.

Para os corifeus do moderno pensamento social, o capitalismo – identificado de forma reducionista à propensão natural para a troca, na magistral operação ideológica de Adam Smith – não só corresponde aos impulsos inatos do homem, como deverá

---

* Publicado originalmente em *Folha de S.Paulo*, 4 ago. 2002.

existir para sempre. Sua historicidade é também surrupiada na ideia de que, afinal, ele é sempre o mesmo. É o que postulam as hipóteses da escolha racional. O indivíduo racional e maximizador da utilidade é a argamassa da teoria social dominante, tanto da economia como de sua fiel servidora, a dita ciência política.

A hipótese da racionalidade individual é um pressuposto metafísico da corrente dominante, necessário para apoiar a "construção" do mercado como um servomecanismo capaz de conciliar os planos individuais e egoístas dos agentes.

A metafísica oculta uma "ontologia do econômico" que postula uma certa concepção do modo de ser, uma visão da estrutura e das conexões da sociedade capitalista. Para esse paradigma, a sociedade onde se desenvolve a ação econômica é constituída mediante a agregação dos indivíduos, articulados entre si por nexos externos e não necessários, tais como os que atavam Robinson Crusoé a Sexta-Feira.

Essa operação ideológica permite a reificação dos conceitos de Estado e mercado e, de quebra, a eliminação do conflito social, o que não é pouco. Estado e mercado deixam de ser instâncias e resultado da constituição do capitalismo enquanto sistema histórico de relações sociais e econômicas e passam a representar alternativas abstratas de organização da sociedade. "Como o senhor prefere, mais Estado ou mais mercado?" Desconfio que algumas teorias serviriam melhor como um guia de instruções para garçons de restaurantes baratos.

É dessa manobra que partem os teóricos da globalização, como Giddens e outros menos votados. Os globalizantes à esquerda, aliás, imaginam estar prestando homenagem à boa tradição de seu pensamento, cedendo passo a supostos automatismos e inevitabilidades "progressistas" que estariam implícitos na evolução do capitalismo.

Esse esquerdismo de mercado é exatamente o anverso de certo politicismo desvairado. Ambos pretendem ignorar as restrições impostas pelas atuais relações entre Estado e mercado à

Ensaios sobre o capitalismo no século XX

formulação de alternativas, porque descartaram de partida a complexidade das relações entre mudanças na estrutura socioeconômica e conjunturas políticas.

O professor José Luis Fiori vem afirmando que o político se enlaça no econômico de forma peculiar – e certamente reversível – nesta etapa do capitalismo. Diz ele:

A aparência é que a mão invisível dos mercados é que veta ou pune qualquer alternativa política e econômica ao modelo de subserviência. Mas, no mundo real, a compatibilização desse veto dos mercados com o funcionamento dos sistemas eleitorais competitivos só tem sido possível graças à corrupção ou esvaziamento dos poderes legislativos e à transformação dos processos eleitorais numa competição empresarial entre partidos e programas de governo cada vez mais realistas e convergentes na aceitação das regras do jogo.

É preciso dizer mais. No capitalismo, as regras do jogo são as da acumulação de riqueza monetária obtida no mercado, isto é, mediante a competição feroz entre empresas, Estados e indivíduos. Em sua roupagem neoliberal, esse jogo pressupõe a violação permanente e sistemática das regras. As relações entre o político e o econômico estão configuradas de modo a remover quaisquer obstáculos à expansão da grande empresa e do capital financeiro internacionalizado, apoiados na força militar e política do Estado imperial.

Trata-se da emergência, na esfera jurídico-política, da exceção permanente, na consolidação da lei do mais forte, para desgosto dos que se imaginam descendentes do Iluminismo e de seu programa de garantias da liberdade e da igualdade.

15
Nostalgia do futuro*

Carl Schmitt, o grande cientista político alemão, em seu livro *O nomos da Terra*, publicado em 1950, demonstra de forma impecável que a dominância dos Estados Unidos consolidaria, nas relações internacionais, a hegemonia do econômico. Isso significa necessariamente o surgimento de uma forte tendência a ultrapassar e negar as barreiras territoriais e políticas impostas pela existência dos Estados nacionais. Ele diz: "A soberania territorial se transforma num espaço vazio, aberto aos processos socioeconômicos. O espaço da potência econômica determina o campo de ação do direito das gentes...".

Schmitt vira pelo avesso a ideologia da globalização: o predomínio do econômico, ou seja, a predominância da lógica da expansão mercantil-capitalista, exige uma enorme concentração e cen-

---

* Publicado originalmente em *CartaCapital*, 8 jan. 2003.

tralização do poder e, por isso, políticas permanentemente agressivas em relação às pretensões de autodeterminação dos povos, às suas formas de vida e aos seus costumes. Esse processo de transformação das relações internacionais, isto é, entre Estados nacionais, desmascara a separação entre o político e o econômico no capitalismo e revela a natureza essencialmente política do mercado. O território global deve, portanto, ser "liberado" para o movimento de mercadorias e de capitais, para o livre acesso aos recursos naturais. Isso impõe a eliminação dos obstáculos humanos, culturais e políticos. O movimento da riqueza abstrata, da geração do maior valor econômico possível, apresenta-se sob a forma das missões humanitárias e da defesa dos valores da democracia e da boa vida.

O pensamento econômico dominante é um ardil da razão. Uma forma refinada de ocultar a trágica realidade de nosso tempo, a crescente separação entre o poder real e a política democrática. O verdadeiro poder, aquele capaz de determinar o alcance das opções práticas dos países e dos cidadãos, graças à sua mobilidade cada vez mais desembaraçada, tornou-se virtualmente global, ou melhor, extraterritorial.

A "mão invisível" celebrada pelos liberais está, mais do que nunca, encarnada no capital financeiro globalizado. Os critérios da política democrática e libertadora não se aplicam à agenda criada pelas forças desse *poder* que circula entre as nações e circunscreve a capacidade de ação dos governos escolhidos pela vontade popular.

Tais forças não são racionais nem irracionais, simplesmente cumprem os desígnios de sua natureza, dilacerada entre a "ganância infecciosa" e o súbito colapso da histamina.

Nessa configuração do poder global, a esfera pública foi acuada: não pode buscar abrigo nos palácios de governantes impotentes, sempre temerosos, ademais, das vociferações que desabam sobre suas cabeças, emitidas pelas fortalezas inacessíveis que formam a "nova opinião", as grandes empresas de mídia. Para a vida privada sobraram os consolos do narcisismo e do *voyeurismo* dos *reality shows*.

Esses processos visíveis e simultâneos de crescente inacessibilidade do público e de espetacularização do privado decorrem de uma sociabilidade "esvaziada"; construída pelos movimentos da mão que guia o curso dos mercados. Em sua ciclotimia, ela nos condena a flutuar entre a euforia e o horror, a ganância e o desespero.

"Não há alternativa", proclamam os adeptos do neoliberalismo. Sobre esse pano de fundo Margaret Thatcher foi capaz de anunciar a morte da sociedade e o triunfo do indivíduo. É duvidoso que o indivíduo projetado pelo Iluminismo tenha, de fato, triunfado. Triunfaram, sim, a insegurança e a impotência. Tal sensação de insegurança é o resultado da invasão, em todas as esferas da vida, das normas da mercantilização e da concorrência, como critérios dominantes da integração e do reconhecimento social. Nos países em que os sistemas de proteção contra os frequentes "acidentes" ou falhas do mercado são parciais ou estão em franca regressão, a insegurança assume formas ameaçadoras para o convívio social.

Podem fazer pouco os funcionários de qualquer nível quando a empresa que os empregava decide sem aviso mudar o negócio para outra região ou iniciar uma nova rodada de "racionalização" por meio de enxugamento de despesas, redução da força de trabalho, corte de gastos administrativos, venda ou fechamento de unidades não lucrativas. Menos ainda podem fazer os indivíduos para evitar a desvalorização de suas qualificações arduamente conquistadas ou para enfrentar o desaparecimento de suas funções.

Nos países em desenvolvimento, as políticas de liberalização financeira, ademais de agravarem as condições de vida dos mais pobres, afetaram negativamente o crescimento econômico.

Para o cidadão afetado pelas consequências devastadoras das crises financeiras, parece inteiramente fantástica a ideia de controlar as causas desses golpes do destino. As erráticas e aparentemente inexplicáveis convulsões das bolsas de valores ou as misteriosas evoluções dos preços dos ativos e das moedas são capazes de destruir suas condições de vida.

O consenso dominante trata de explicar que, se não for assim, sua vida pode piorar ainda mais. A formação desse consenso é, em si mesmo, um método eficaz de bloquear o imaginário social, numa comprovação dolorosa de que as criaturas da ação humana coletiva – as instituições produzidas pelo devir histórico – adquirem dinâmicas próprias e passam a constranger a liberdade de homens e mulheres.

Já observamos que o século XXI nasce com a suspeita de que as coisas podem andar para trás, que o progresso individual e coletivo não é uma fatalidade. Esse sentimento é cada vez mais intenso, sobretudo entre os países e as classes que sonharam algum dia com a afluência prometida no curto período do pós-guerra, quando o capitalismo parecia civilizado.

A maioria da humanidade, repetimos, vive um clima de nostalgia do futuro, sentimento que reflete a crise profunda de um valor constitutivo da modernidade: a ideia de progresso, ou melhor, a ideia de que o progresso material levaria quase automaticamente ao bem-estar individual e coletivo. Essa convicção ganhou força nos anos dourados do capitalismo, quando os controles do Estado e da sociedade foram capazes de subjugar e disciplinar o dinamismo cego e anárquico da finança.

É possível que os fanáticos dos mercados não sejam capazes de avaliar o alcance da crise da ideia de progresso. Estamos diante de um processo de decomposição dos significados do pensamento liberal.

O sonho ocidental de construir o hábitat humano somente à base da razão, repudiando a tradição e rejeitando toda a transcendência, chegou a um impasse. O Ocidente fracassou na realização de seus próprios valores. Na prática, foi incapaz de conjugar o universalismo da razão, o progresso da técnica e a democratização do bem-estar.

Ensaios sobre o capitalismo no século XX

A boa sociedade deve tornar livres os seus integrantes, não apenas livres de um ponto de vista negativo – no sentido de não serem coagidos a fazer o que não fariam por espontânea vontade –, mas positivamente livres, no sentido de serem capazes de fazer algo da própria liberdade. Isso significa, primordialmente, o poder de influenciar as condições da própria existência, dar um sentido para o bem comum e fazer as instituições sociais funcionarem adequadamente.

16
O porrete da liberdade*

Logo depois da primeira Guerra do Golfo, em 1991, Pietro Ingrao, conhecido dissidente do Partido Comunista Italiano, escreveu, em parceria com a escritora Rossana Rossanda, um artigo profético. Ele prognosticou: muito mais do que a utilização de tecnologias terríveis, o ataque de Bush pai ao "tirano" Saddam inaugurou uma era de categorias e conceitos assustadores, como o de "guerra justa" e de "autoridade internacional" investida no direito autoatribuído de colocar o mundo em ordem. Os preparativos para uma nova guerra contra o Iraque provam que o "poder americano" não está disposto a sofrer limitações: nem dos foros internacionais nem do chamado direito dos povos e muito menos de considerações humanitárias. Não é de hoje, diga-se, que os Estados Unidos arvoram-se em "policiais do universo".

---

* Publicado originalmente em *CartaCapital*, 5 fev. 2003.

A vida anda pela hora da morte, neste mundão globalizado. Atormentado por uma economia pós-bolha em marcha lenta, Bush filho reinventou e insuflou a "ameaça iraquiana". Ela estaria escondida sob a forma de armas químicas, atômicas e biológicas nos porões dos palácios de Saddam Hussein. Os inspetores da ONU não conseguem comprovar as suspeitas dos falcões encharcados de petróleo que ocupam o gabinete presidencial. Mas, lembrando a história do lobo e do cordeiro, pouco importa a verdade. O colunista Thomas Friedmann, do *New York Times*, celebrado porta-voz do *establishment*, reconhece que "a mão invisível do mercado jamais funcionaria sem o 'punho invisível' – o McDonald's não poderia florescer sem a McDonnell Douglas, produtora dos caças P-15".

No capitalismo de hoje, como no de sempre, o jogo da acumulação de riqueza monetária continua submetido aos azares do veredicto dos mercados. Mas as regras do jogo estão cada vez mais distantes da utopia do *douce commerce*. O mercado é a arena da competição feroz entre empresas gigantes e seus respectivos Estados nacionais. Ao contrário do que prega a linguagem pacificadora do neoliberalismo, esse jogo pressupõe a violação sistemática das regras. As relações entre o Político e o Econômico estão configuradas de modo a remover quaisquer obstáculos à expansão da grande empresa e ao avanço do capital financeiro internacionalizado. Fundadas na força militar e política do Estado Imperial, as relações internacionais estão submetidas ao regime de exceção permanente, para desgosto dos que imaginam a vida econômica regida por automatismos e mecanismos de autorregulação.

As normas da mercantilização generalizada e da concorrência universais, apresentadas como forças naturais, refletem, na verdade, a prevalência dos interesses dominantes no país dominante sobre o resto do mundo. As reformas liberais vêm sendo impostas aos governos da periferia pelos organismos internacionais – Banco Mundial, FMI, BID – que funcionam como executores das políticas compatíveis com a preservação da "ordem americana".

Quem torcia por uma nova ordem internacional vai ter de esperar mais algum tempo. Talvez alguns séculos. O que estamos observando é uma involução para as práticas da força bruta no âmbito dos negócios internacionais. Os Estados Unidos e a Inglaterra, que costumavam exibir reverência à lei dentro de casa, comportam-se na cena internacional como chefes de quadrilha, dispostos a atropelar e assassinar quem esteja na frente. As agressões executadas contra os mais fracos e desferidas em nome da paz e do direito internacional são, na verdade, exatamente o contrário do que pretendem ser. As decisões têm sido tomadas sempre em razão de interesses nacionais, quando não de grupos políticos ou mesmo de pessoas, como é agora o caso do presidente Bush filho, incapaz de disfarçar a cobiça pelas reservas de petróleo da Ásia Central.

Depois dos anos 70, a inserção dos países no processo de globalização foi-se tornando cada vez mais hierarquizada e assimétrica. Em seu rastro de vitórias, a globalização vem dividindo as sociedades entre um séquito de vencedores e uma multidão de perdedores. É fácil entender quem está injetando combustível na deslegitimação da democracia e das instituições republicanas.

A dominação pós-moderna pretende desconhecer a soberania dos Estados nacionais, sem que isso signifique a criação de instâncias integradoras no âmbito internacional. Muito ao contrário, o avanço do intervencionismo unilateral provoca a desintegração dos fóruns multilaterais. O episódio recente que envolve a Coreia do Norte e os Estados Unidos parece demonstrar que a independência das nações só pode ser resguardada mediante a construção de sistemas eficazes de dissuasão.

A supremacia apoiada na superioridade das armas e no despotismo da economia desregulada dispensa as mediações da ordem jurídica e não quer ou não precisa compreender nada. O mundo em que tentamos sobreviver é uma prova diária da degeneração da razão ocidental, transformada e objetivada na execução desabrida dos métodos de domínio.

Diante da tragédia que se aproxima, o mais difícil é escapar do maniqueísmo. O Bem contra o Mal, esta é a linguagem dos algozes e de suas vítimas. As partes envolvidas no conflito pretendem se apresentar como encarnação do Bem diante das forças do Mal. O que chamamos de civilização agoniza melancolicamente, balbuciando uma visão primitiva do mundo, indigna até mesmo da Idade da Pedra.

17
Estado de direito
e capitalismo destravado*

Fausto vendeu-se ao demônio. Para adquirir poder e dinheiro entre os mortais, hipotecou a alma pela eternidade. Tamanha era a força da sua cupidez, a fome da riqueza abstrata, que, diante dela, a eternidade parecia durar apenas um segundo. Vai pela casa da tonelada a quantidade de tinta gasta para deplorar o poder do dinheiro, a sua força para corromper as consciências, desfigurar as almas e os sentimentos. Contra esse poder e essa força, lançaram-se poetas, filósofos, teólogos e até os moralistas de folhetim.

George Simmel, em seu livro *A filosofia do dinheiro*, mostra que o sujeito atacado pelo amor "doentio" ao dinheiro não é uma aberração moral, mas o representante autêntico do indivíduo criado pela sociedade argentária.

---

* Publicado originalmente em *Valor*, 18 nov. 2003.

As qualidades dos bens, o gozo de suas utilidades tornam-se absolutamente indiferentes para ele. As suas preferências, os seus sentimentos, os seus desejos são totalmente absorvidos pelo impulso de acumular riqueza monetária.

É curioso observar como a sociedade argentária, ao transformar violentamente os indivíduos e suas subjetividades em simples coágulos monetários, pretenda ao mesmo tempo colocar barreiras, ensinando-lhes as virtudes da moderação, da frugalidade, da limitação dos impulsos egoístas, da solidariedade. Então, como podemos falar de sentimentos como honradez, dignidade, autorrespeito numa sociedade em que todos os critérios de sucesso ou insucesso são determinados pela quantidade de riqueza monetária que cada um consegue acumular durante a sua vida útil?

É difícil escapar da sensação de que a contenção desse impulso é impossível sem a coação e a intimidação crescentes. As leis devem tornar-se cada vez mais duras e especializadas na tentativa de coibir o enriquecimento "sem causa" e a qualquer custo. Verdade? A experiência contemporânea parece demonstrar que os circuitos de enriquecimento ilícito – apesar do grande número de prisões e condenações – não fazem outra coisa senão aumentar, multiplicando-se mundo afora. As drogas e os seus sistemas de produção e comercialização, a espionagem industrial e tecnológica, a corrupção política, a compra e venda de informações e de "desinformação" da opinião pública formam uma rede formidável e em rápido crescimento de circulação de dinheiro "sujo".

Este dinheiro transita e é "esquentado" e "esfriado" nos mercados financeiros liberalizados. Negócios legais são muitas vezes fachadas para "branquear" dinheiro de origem ilícita. Os sistemas fiscais – diante dos circuitos financeiros que permitem a livre movimentação de capitais – perdem o seu caráter progressivo e passam a depender cada vez mais dos impostos indiretos e da taxação dos assalariados.

Daí o enfraquecimento sem precedentes da esfera pública, a desmoralização dos poderes do Estado, a crescente onda de moralismo que revela, aliás, mais impotência do que indignação. Os perdedores deste jogo entregam-se a lamentações e ondas de protesto que se esgotam rapidamente entre o escândalo do momento e o próximo que fatalmente virá. Sem tempo para raciocinar, entregam-se ao consumo de fatos sensacionais e escabrosos.

Nestas situações crescem os clamores por medidas heroicas, "salvacionistas", quase sempre apoiadas na invocação da própria santidade, honestidade ou bons propósitos. Em geral esses movimentos de opinião voltam-se contra o "formalismo" dos procedimentos legais. Os grandes pensadores da modernidade encaravam com horror a possibilidade de vitória dos grupos que veem no direito e na formalidade do processo judicial obstáculos ao exercício da moral. Para eles tais protestos não são apenas errôneos, mas revelam apego malsão à sua própria particularidade que é desfrutada narcisisticamente sob o disfarce da moralidade.

Max Weber, o sociólogo preferido do ex-presidente Fernando Henrique Cardoso, suspeitava que a sociedade capitalista não poderia sobreviver sem uma burocracia pública cujos valores maiores fossem a honra, a dignidade, o *status*, o sentido de dever para com a comunidade. Para isso era necessário que a esta camada fossem concedidas as prerrogativas da independência funcional, da irredutibilidade dos vencimentos, da garantia de permanência no cargo (que poderia ser suspensa no caso de falta grave), do direito a uma aposentadoria especial. Em compensação, o acesso a esses cargos seria obtido mediante concurso público severo e seu desempenho fiscalizado por normas rígidas de controle público.

Mas no capitalismo realmente existente são os negócios que invadem a esfera estatal. A concorrência entre as grandes empresas não só impõe a presença do Estado nos negócios, mas envolve a disputa por sua capacidade reguladora e a luta pela captura de recursos fiscais. Isso significou, na prática, abrir as portas para a invasão do privatismo nos negócios do Estado.

Não é, portanto, surpreendente que os escândalos se multipliquem. Escândalos que envolvem abuso do poder, prevaricação, desvio funcional. Os Estados Unidos de Bush, por exemplo, mostram, sem pudor, que não há outra regra senão a violação sistemática dos princípios que deveriam reger a administração pública no Estado de direito. O arbítrio, o favorecimento, o segredo e a obscuridade são constitutivos de seu modo de funcionamento.

O neoliberalismo também pode ser entendido como um projeto de retorno a uma ordem jurídica alicerçada exclusivamente em fundamentos econômicos. Para tanto, é obrigado a atropelar e estropiar, entre outras conquistas da dita civilização, as exigências de universalidade da norma jurídica. No mundo da nova concorrência e da utilização do Estado pelos poderes privados, a exceção é a regra. Tal estado de excepcionalidade corresponde à codificação da razão do mais forte, encoberta pelo véu da legalidade.

Seria uma insanidade, no mundo moderno e complexo, tentar substituir os preceitos e a força da lei pela presunção de virtude autoalegada por qualquer grupo social ou, pior ainda, por aqueles que ocupam circunstancialmente o poder.

Parte III

Críticos

Keynes

1
Abismos de ambição e medo*

O Fundo Monetário Internacional está sob fogo cerrado. Muitos economistas de prestígio, como Jeffrey Sachs, vêm criticando duramente a incapacidade da instituição de se antecipar e prevenir o episódio asiático. Tais increpações são até justificadas, mas não há qualquer sinal de que os acusadores tivessem sugerido, ainda que remotamente, a possibilidade do colapso. Só agora os sábios entenderam que a degringolada foi resultado da reversão abrupta de um ciclo de sobrevalorização de ativos (incluídos os investimentos em capacidade produtiva). Tal euforia foi alimentada pela expansão imoderada do crédito e, naturalmente, estava amparada em expectativas privadas excessivamente otimistas a respeito da evolução dos ganhos de capital e dos fluxos de rendimentos que decorreriam dos novos empreendimentos.

---

* Publicado originalmente em *CartaCapital*, 18 fev. 1998.

Se é como parece, estamos diante de um fenômeno que alguns afirmam ser típico do capitalismo de todas as épocas. Keynes, por exemplo, considerado morto e enterrado pelos mascates da nova teoria econômica, desconfiava que as decisões dos possuidores de riqueza e dos responsáveis pelo financiamento de "posições" em ativos de diversas classes são tomadas em condições de incerteza radical. Isso significa que de nada adianta valer-se do conhecimento do passado ou das toadas do presente, projetando essas tendências para o futuro. Tampouco melhora a qualidade do conhecimento do futuro atribuir probabilidades numéricas às trajetórias imaginadas da economia.

Para vencer esse estado desconfortável de incerteza irredutível, cada um dos controladores da riqueza e do crédito tem de lançar mão de informações, avaliações, crenças e regras costumeiras que julga sustentar as decisões dos demais. Esse processo, o de incorporar nas próprias avaliações os julgamentos dos seus pares, a despeito de ancorado na mais profunda ignorância, vai constituindo a opinião da comunidade de negócios, uma espécie de "consenso do mercado", em cada momento.

As decisões cruciais no capitalismo são aquelas tomadas pelos donos da riqueza e de sua suprema, o dinheiro. É delas que depende o destino dos que dispõem apenas da própria energia física e mental para sobreviver. Tudo poderia estar bem, se os poderosos controladores da riqueza não se movessem entre os abismos da ambição e do medo. Frágeis e ariscas subjetividades, os potentados do capitalismo são, ao mesmo tempo, escravos da imensa fábrica social montada para produzir riqueza abstrata (ou monetária). Estão obrigados, por isso, a seguir a regra do quanto mais, melhor. Essa compulsão os afasta da utopia de Bentham e dos utilitaristas, cuja filosofia social está nas origens da moderna teoria econômica. Esses profetas do radicalismo burguês viam, de forma invertida, o metabolismo da nova sociedade mercantil-capitalista como a possibilidade de realização da felicidade geral, ou seja, do encontro do desejo com a sua satisfação.

Ensaios sobre o capitalismo no século XX

A felicidade sonhada pelos possuidores de riqueza está, no entanto, na liberdade de dispor da riqueza monetária, empreender e acumular mais riqueza sob a forma geral e abstrata do dinheiro. A liberdade dos potentados do capitalismo os condena a realizar os desígnios da razão sistêmica: desejam sempre mais porque temem ficar com menos, ou, pior, receiam o aniquilamento de seu poder-servidão.

É possível, no entanto, que essas pobres almas, assim torturadas pela sede insaciável de riqueza, flutuem algum tempo naquele espaço confortador entre os dois extremos fatais, o zênite da euforia compartilhada e o nadir do medo contagioso. Os períodos de "normalidade", esses são sustentados por arranjos sociais e formas institucionais que compõem um determinado "estado de convenções". Nesse ambiente cognitivo e psicológico, o presente parece confirmar o passado e indicar os critérios para o futuro.

Desafortunadamente, no momento em que a cadeia de certezas e autocomplacência atinge o auge, irrompe a reversão e muitas vezes o colapso. No caso asiático, tornou-se evidente que a acumulação de bons resultados precipitou forte deterioração da percepção do risco e espicaçou a ambição do conjunto dos investidores nacionais e estrangeiros. A "comunidade de negócios" passou a sobrestimar os ganhos esperados, provocando violenta e generalizada "inflação de ativos", investimento excessivo em muitos setores e fragilidade financeira. Daí as crises bancárias e a fuga das moedas.

Quando a maré sobe, não há prudência nem conselho capazes de resistir à liberação completa das forças da ambição. Estas se apresentam, aliás, como omniscientes e omnipotentes, sólidas e inexpugnáveis. Até o momento em que se desmancham no ar.

2
Disciplina preventiva*

O entusiasmo – quase generalizado no início dos anos 80 – com a liberalização e a desregulamentação dos mercados financeiros começa a transformar-se em preocupação. Os sintomas dessa mudança nos sentimentos do público interessado e especializado não devem ser buscados no tom mais estridente das críticas provenientes dos arraiais ditos heterodoxos. Depois da sucessão de crises financeiras que marcaram a ressurreição da finança desregulamentada, a dúvida e o questionamento vêm tomando conta de algumas cabeças coroadas do pensamento dominante. Entre os que vêm sublinhando as consequências negativas do livre movimento de capitais estão Paul Krugman e Jagdish Bagwati, conhecidos por suas posições favoráveis ao livre-comércio. Seria difícil acusá-los de preconceitos protecionistas ou de

---

* Publicado originalmente em *CartaCapital*, 8 jul. 1998.

inclinações antiliberais. A eles recentemente agregou-se o vice-presidente do Banco Mundial e líder intelectual do chamado pensamento novo-keynesiano, o professor Joseph Stiglitz.

Stiglitz e Bagwati criticaram as interpretações convencionais que costumam atribuir as crises financeiras e cambiais à má gestão monetária e fiscal dos governos. Ambos, tratando do episódio asiático, preferiram ressaltar o papel desempenhado pelos bancos e demais instituições financeiras internacionalizadas que se envolveram no financiamento do surto especulativo com ativos reais e mobiliários.

Tempo houve em que a livre movimentação de capitais e a estabilidade econômica eram consideradas incompatíveis. Keynes, ainda durante a Segunda Guerra, recomendou o controle de capitais em todas as versões preliminares que ofereceu ao debate sobre a reforma do sistema monetário internacional. Ele imaginava que a limitação aos fluxos financeiros de curto prazo seria uma característica permanente da nova ordem, cujos objetivos deveriam contemplar o crescimento estável do comércio internacional e maior liberdade das políticas nacionais de pleno emprego e de crescimento econômico.

A convicção de Keynes acerca do caráter nefasto da livre movimentação do *loanable capital* estava fundada em sua análise do funcionamento da economia capitalista. Esse entendimento foi decisivamente influenciado pela trágica experiência dos anos 20 e 30. Nesse período, a mobilidade de capitais, combinada com paridades cambiais insustentáveis (e desacreditadas) do padrão-ouro ressuscitado, levou ao agravamento dos desequilíbrios financeiros, à desorganização dos fluxos de comércio e, finalmente, à depressão.

Os keynesianos sempre sustentaram que a instabilidade financeira é gerada endogenamente ao longo do processo de acumulação de capital, como resultado do comportamento "maximizador" e "racional" dos possuidores de riqueza, em condições de incerteza. Nas etapas de euforia do ciclo econômico, a confirmação das expectativas otimistas leva os protagonistas relevantes a aventurar-se em operações mais arriscadas, incorporando ativos de menor qualidade em seus portfólios.

Essa caminhada em direção à zona de riscos crescentes está sempre amparada pela expansão do crédito bancário, permitindo, assim, que os apostadores assumam posições cada vez mais alavancadas, na esperança de ulteriores elevações dos preços e valorização de seu estoque de riqueza.

Nesse quadro, uma súbita alteração das expectativas pode acarretar uma onda de vendas em massa – que, aliás, começam sempre pelos ativos mais arriscados. As chamadas de margem colocam em dificuldade os investidores mais alavancados, o que transmite as tensões ao sistema bancário. O professor Charles Kindelberger afirma com razão que as crises financeiras só se tornam graves quando as flutuações no valor da riqueza contaminam os bancos. Se isso acontece, a engrenagem econômica entra em colapso. Na ausência de intervenção externa, de natureza pública, não há, simplesmente, como fazer a máquina capitalista voltar ao seu funcionamento normal.

Crises sistêmicas são portanto características da dinâmica financeira e uma ameaça permanente ao crescimento das economias. No plano internacional, as inevitáveis ondas de especulação instabilizadora envolvem, ademais, ativos de diversas qualidades denominados em moedas distintas. As crises financeiras transformam-se inevitavelmente em crises cambiais.

Diante dessa perspectiva, não há como evitar, no plano internacional, a adoção de medidas destinadas a disciplinar os movimentos de capitais. No entanto, até agora o G-7 e as instituições multilaterais têm-se limitado a intervir depois da porta arrombada.

3
Uma nova chance para Keynes*

Em sua movimentada página na Internet, Paul Krugman resolveu dar nova oportunidade a Keynes. Diz o rapaz que a atual situação da economia japonesa tem claras características de uma crise keynesiana, ou seja, de insuficiência de demanda efetiva. Krugman sugere em seu artigo que a *Teoria geral* é uma teoria da depressão econômica, opinião, aliás, nada incomum nos círculos acadêmicos americanos. Keynes não concordaria com esse julgamento. Ele pretendia ter escrito, como o próprio título da obra informa, a *teoria geral* do funcionamento de uma economia em que o dinheiro não desempenha apenas as funções de padrão de preços e de meio de troca, mas transforma-se na própria finalidade da atividade produtiva.

---

* Publicado originalmente em *CartaCapital*, 19 ago. 1998.

Nos trabalhos preparatórios da *Teoria geral*, Keynes atribui a Marx a "observação seminal" de que, na economia capitalista, a produção só pode ser iniciada com dinheiro, com o objetivo de realizar mais dinheiro. Estava, portanto, interessado em investigar as condições nas quais as avaliações dos proprietários privados da riqueza, os que controlam os meios de produção e o crédito, podem proporcionar alterações importantes nos fluxos de nova riqueza real, na produção corrente *e* no emprego.

Keynes conclui que são tênues os fios que ligam a sede incontrolável de acumular riqueza monetária e a geração continuada de um fluxo de produção capaz de empregar todos os recursos disponíveis da comunidade. Tal estado não pode ser garantido: a descoordenação e a anarquia das decisões podem despertar o temor quanto aos resultados futuros.

Essa incerteza radical acompanha todos os atos dos possuidores de riqueza. Em tempos normais, esse desconforto pode vir a ser superado por um conjunto de convenções que parece assegurar que o futuro continuará a reproduzir o passado. Em condições de crescimento estável da economia, os produtores privados têm a impressão de estar "produzindo dinheiro" com a produção e venda de suas mercadorias particulares. Essa ilusão se desfaz quando o "mercado" se nega a transformar o "dinheiro particular" no "dinheiro social".

Numa economia monetária, a ruptura de um estado de convenções "otimista" costuma desencadear a concentração da preferência dos detentores de riqueza em um único ativo, imaginariamente dotado da propriedade do valor absoluto. Absoluto, no sentido de que sua capacidade aquisitiva e liberatória está garantida tanto agora quanto no futuro.

Quando toda a riqueza pretende transformar-se na sua forma suprema, o dinheiro, as consequências manifestam-se nos preços dos demais ativos. Estes sofrem fortes desvalorizações diante do pânico e do desespero dos que se lançam à conversão de suas formas particulares de riqueza no dinheiro, a forma geral. Assim, os indivíduos, produtores privados e independentes são obrigados a reconhecer a natureza dos nexos sociais que os articulam. Não se trata de uma sociabilidade que se estabelece pelo dinheiro, mas que é imposta por ele, de modo dogmático e despótico. Por isso, "o rompimento do estado de confiança" faz recair sobre o dinheiro a esperança de preservação do valor da riqueza. Os detentores de direitos sobre a riqueza são levados a supor a existência de uma medida e forma do enriquecimento que não esteja sujeita à contestação de ninguém, isto é, que seja socialmente reconhecida.

Em qualquer economia em que o enriquecimento privado seja o critério da produção, a existência dessa forma geral da riqueza, da renda e do produto é incontornável. A ruptura do estado de confiança, isto é, das convenções que vinham regendo a evolução da economia, significa que os produtores privados não podem mais continuar tomando suas decisões – de produção *e* de investimento – sem levar em conta a incerteza radical em que estão mergulhados. Esse estado contrasta com o clima das "expectativas convencionais", no qual os possuidores de riqueza se comportavam como se a incerteza não existisse e como se o presente constituísse a melhor avaliação do futuro.

A questão que Keynes procurou levantar foi a da contradição entre o enriquecimento privado e a criação da nova riqueza *para a sociedade* (crescimento das inversões em capital real). Procurou demonstrar que a forma assumida pela crise tende a levar ao limite o impulso ao enriquecimento privado, a ponto de torná-lo antissocial, em razão da paralisia que impõe ao investimento, à renda e ao emprego.

4
O forró dos emergentes*

Os rapazes do Banco Central vêm anunciando que, na virada do milênio, a grande ideia é avançar na direção da plena conversibilidade do real. Sendo assim, respeitada a legislação fiscal e tributária, os cidadãos brasileiros e os não residentes vão poder comprar e vender divisas, sem nenhuma restrição, à taxa de câmbio fixada pelo mercado.

Não sei se meus velhos hábitos mentais ou os hábitos mentais de velho fizeram soar o alarme, bem ali, naquele lado esquerdo do cérebro. Lembrei-me imediatamente da observação de Keynes, em setembro de 1941:

> É próprio de um padrão monetário de livre conversibilidade atirar o ônus do ajustamento sobre as posições devedoras em seu

---

* Publicado originalmente em *Folha de S.Paulo*, 19 ago. 1998.

balanço de pagamentos – ou seja, sobre os países mais fracos e acima de tudo menores, se comparados com a escala do resto do mundo.

No entreguerras, a combinação entre conversibilidade e o desimpedido movimento dos capitais "permitiu a livre remessa e aceitação de fundos de capitais internacionais, por motivos de fuga, especulação ou de investimento". Keynes observou que, numa primeira fase, o fluxo de fundos ainda se movia na direção dos países credores para os devedores, "mas uma grande parte de tais fluxos, sobretudo aqueles que saíam dos Estados Unidos para a Europa, deixaram de corresponder ao desenvolvimento de novos recursos". Na segunda fase, às vésperas da Segunda Guerra, "a degeneração foi completa e os fundos começaram a sair dos países que tinham a balança deficitária na direção daqueles em que a balança era favorável".

Plus ça change... Até Fernando Henrique já sabe que a nova onda de internacionalização financeira do final do século XX prometeu, mas não entregou, aos sócios emergentes do capitalismo global a prosperidade e a decantada "eficiência na alocação de recursos". O começo foi eufórico: valorização das moedas locais, importações baratas, especulação com ativos reais e financeiros, aquisição de empresas já existentes, sobreinvestimento. Mas, no meio da refrega, adivinhe quem apareceu para participar da festa? Os velhos conhecidos da turma da dona Vera Loyola: déficits em transações correntes, antecipações negativas quanto à evolução dos preços dos ativos e, óbvio, ameaças à manutenção das paridades cambiais.

Finalmente, chegam para a saturnália dos novos ricos convidados indesejáveis: vendas em massa e a liquidação das posições na moeda sobrevalorizada. A fuga dos ativos inflados – cujos preços despencam – é, ao mesmo tempo, uma fuga da moeda submergente na direção dos ativos denominados na moeda realmente forte, único objeto de desejo capaz de aplacar a sanha de liquidez dos investidores nativos e estrangeiros. A diferença de "poder financeiro", como diria Keynes, torna delicada a opção pela conversibilidade plena para países cronicamente devedores e de moeda fraca, independentemente do regime escolhido para a taxa de câmbio.[1] No caso das taxas fixas, ou coisa assemelhada, já aprendemos que o risco óbvio é de desvalorização abrupta e descontrolada, acompanhada da disparada dos juros. Na hipótese de taxas flutuantes, o incômodo virá da maior volatilidade das cotações entre a moeda local e a estrangeira, bem como das fortes oscilações das taxas de juros. Keynes estava pretendendo chamar a atenção para o caráter negativo e assimétrico de um sistema de pagamentos internacional em que problemas de liquidez (ou de solvência) dos países deficitários e de menor "poderio financeiro" teriam de ser resolvidos mediante a busca da "confiança" dos mercados de capitais privados. Nos trabalhos elaborados para as reuniões que precederam as reformas de Bretton Woods, Keynes tomou posições radicais em favor da "administração" cen-

---

1 O economista Pérsio Arida nos ensina, em artigo no jornal *Valor*, edição de 11 nov. 2002, que, "se tivéssemos plena conversibilidade da moeda, sem risco da reintrodução dos controles administrativos, teríamos menores juros em dólares no exterior e, por consequência, menores taxas em reais". Nessa visão, o "desaparecimento" do risco de desvalorização cambial aumentaria o grau de substituição entre ativos domésticos e ativos estrangeiros. Ou seja, a redução drástica do risco cambial determinaria maior integração entre o mercado financeiro nacional e o mercado internacional, melhorando, aos olhos dos investidores estrangeiros, a qualidade dos nossos ativos reprodutivos e dos títulos de dívida emitidos para possuí-los. Se assim fosse, dentro de um prazo razoável, a ação dos novos investimentos e a melhora da eficiência imposta pela concorrência externa levariam à recuperação sólida da balança comercial e à redução do déficit em transações correntes. A lógica da conversibilidade é tão tosca quanto a conclusão que Marx atribui a Proudhon em a *Miséria da filosofia*: a existência dos médicos é a causa das doenças (assim como sábios da imprensa de hoje afirmam que as crises do capitalismo são culpa dos economistas). "Defuntos e câmbio fixo", *CartaCapital*, 20 nov. 2002. Ver, também, Belluzzo, L. G., Carneiro, R. O mito da conversibilidade ou moedas não são bananas. *Política Econômica em Foco* 1 (Suplemento 1), 30 set. 2003 (www.eco.unicamp.br).

tralizada e pública do sistema internacional de pagamentos e de provimento de liquidez. No novo arranjo institucional não haveria lugar para a livre movimentação de capitais de curto prazo entre as diversas praças financeiras. As propostas de Keynes para a reforma do sistema monetário internacional estavam também comprometidas com a ideia de que o ouro deveria cumprir a nobre função de *standard* universal, mas sem que nenhum papel efetivo lhe fosse concedido na liquidação das transações entre os países. Essa função seria exercida pela moeda bancária internacional, administrada pelas regras da Clearing Union. O plano Keynes visava sobretudo eliminar o papel perturbador exercido pelo ouro (ou por qualquer moeda-chave), enquanto último ativo de reserva do sistema. O truque era suprimir do dinheiro universal a função que o tornava um perigoso agente da preferência pela liquidez. Nesse sentido, apenas as moedas nacionais estariam investidas plenamente em suas três funções. Isso, aliás, era coerente com a visão keynesiana da ordem mundial. Para ele, a produção de bens e serviços e sobretudo as finanças deveriam ser desenvolvidas de acordo com os interesses nacionais de cada país. As relações internacionais seriam importantes, porém residuais. Num sistema internacional "regulado", como o de Bretton Woods, os processos de ajustamento deveriam funcionar mais ou menos assim: taxas de câmbio fixas, mas ajustáveis; limitada mobilidade de capitais; e demanda por cobertura de déficits (problemas de liquidez) atendidas, sob condicionalidades, por meio de uma instituição pública multilateral. O câmbio e os juros, nesse sistema, eram vistos como preços-âncora, cuja relativa estabilidade e previsibilidade deveriam se constituir em guias para a formação das expectativas dos possuidores de riqueza.

5
Cálculos certeiros*

O sistema financeiro e de crédito é a pedra angular da gestão da riqueza capitalista em dois sentidos fundamentais: 1. adianta recursos livres e líquidos para sancionar a aposta do empresário que resolveu colocar o seu estoque de capital em operação, contratando trabalhadores; 2. promove diariamente a avaliação e a negociação dos direitos de propriedade e dos títulos de dívida que habilitam à apropriação da renda e da riqueza.

Independentemente das transformações "institucionais" que a economia capitalista possa sofrer em suas configurações históricas, não há como escapar da função "reguladora" dos mercados que avaliam os direitos à apropriação da renda e da riqueza. É nesse âmbito que se estabelecem as condições em que se organiza e se efetua o processo de valorização na esfera produtiva.

---

* Publicado originalmente em *Folha de S.Paulo*, 19 nov. 2000.

Na economia em que prevalecem a divisão do trabalho e a propriedade privada dos meios de produção e o trabalho "livre", a apropriação da renda e da riqueza pela classe capitalista só pode ser exercida sob a forma de um conjunto de direitos sobre o valor a ser criado pelo esforço coletivo dos produtores diretos. Os direitos sobre esse valor a ser criado não têm outra forma de existência senão a monetária: títulos de dívida pública e privada, depósitos no sistema bancário e ações.

A concorrência – como mecanismo de seleção dos vitoriosos e de punição dos ineficientes – só pode realizar-se no âmbito da circulação dos direitos à riqueza. São esses mercados que permitem a transferência da propriedade e estimulam a concentração e a centralização do capital, tornando efetiva e "civilizada" a expropriação dos "incompetentes".

As regras de transferência de propriedade da riqueza numa economia que se move e se transforma continuamente têm que levar em conta a "iliquidez" do proprietário da riqueza que está adquirindo um ativo velho ou novo. Ele imagina que vai se desprender do dinheiro agora para obter, durante determinado período no futuro, um fluxo de receita capaz de amortizar os custos e deixar um rendimento líquido que, descontada a taxa de juros do capital monetário (ou seja, do capital-propriedade), revele-se compensador.

O capital-propriedade, o capital a juros, ao mesmo tempo em que impulsiona o avanço da acumulação capitalista, mediante a expansão do crédito, cria um estoque de direitos sobre a riqueza, cuja avaliação em mercados especializados passa a determinar as condições em que deve ocorrer o processo de criação e de realização do valor na esfera produtiva.

Só desse ponto de vista é possível compreender o famoso capítulo 17 da *Teoria geral*, onde Keynes apresenta e desenvolve o conceito de taxa própria de juros dos ativos. A taxa própria de juros de um ativo de capital reprodutivo é o fluxo líquido de rendimentos, medidos em termos de si mesmos, que a sua utilização pode proporcionar ao longo da vida útil.

Ensaios sobre o capitalismo no século XX

A comparação entre o valor das várias formas de riqueza só pode ser feita mediante o recurso à taxa monetária de juros. O valor desse ativo deve ser calculado mediante o desconto dos rendimentos prováveis à taxa monetária de juros, em determinado ponto do tempo. A taxa monetária de juros mede, portanto, a capacidade de conversão dos rendimentos proporcionados pelos ativos no dinheiro, a forma geral da riqueza. Por essa razão, o preço de demanda desse ativo de capital é o valor presente de seus rendimentos esperados.

A taxa de juros exprime, em certo momento, a maior ou menor preferência do "público" pela posse, agora, da forma geral da riqueza. As decisões capitalistas supõem, portanto, a arbitragem permanente entre o presente e o futuro. Essas decisões intertemporais não têm bases firmes, isto é, não há "fundamentos" que possam livrá-las da incerteza. Apoiados em convenções precárias, os detentores de riqueza são compelidos a tomar decisões que podem dar origem a situações de "equilíbrio múltiplo" (frequentemente abaixo do pleno emprego) ou a dinâmicas autorreferenciais que culminam na exuberância irracional, na decepção das expectativas e na desvalorização da riqueza.

6
Saint John Maynard Keynes*

No seu célebre artigo *O fim do laissez-faire*, John Maynard Keynes ironizou a ideia de que a busca do interesse privado levaria necessariamente ao bem-estar coletivo. "Não é uma dedução correta dos princípios da teoria econômica afirmar que o egoísmo esclarecido leva sempre ao interesse público. Nem é verdade que o autointeresse é, em geral, esclarecido."

Conservador, Keynes professava a crença de que a sociedade e o indivíduo são produtos da tradição e da história. Tinha horror a Bentham e cultivava os valores de uma moral comunitária, antivitoriana e, portanto, radicalmente antiutilitarista. Isso não quer dizer que recusasse o programa da modernidade, empenhado no avanço das liberdades e da autonomia do indivíduo. Não

---

* Publicado originalmente em *CartaCapital*, 10 out. 2001. Esta edição contém passagens de Keynes, o retorno. *Folha de S.Paulo*, 17 fev. 2002.

acreditava, porém, que essa promessa pudesse ser cumprida numa sociedade individualista em que os possuidores de riqueza orientam obsessivamente o seu comportamento para as vantagens do ganho monetário. O "amor ao dinheiro", dizia, é o sentimento que move o indivíduo na economia mercantil-capitalista. Fator de progresso e de mudança social, *the love of money* pode transformar-se em um tormento para o homem moderno. Seus efeitos negativos precisam ser neutralizados pelas ações jurídica e política do Estado Racional e pela atuação de "corpos coletivos intermediários", como, por exemplo, um Banco Central dedicado à gestão consciente da moeda e do crédito.

Keynes acreditava que a cura para os males do capitalismo deve "ser buscada, em parte, pelo controle da moeda e do crédito por uma instituição central e, em parte, por um acompanhamento da situação dos negócios, subsidiados por abundante produção de dados e informações".

Keynes falava "da direção inteligente pela sociedade dos mecanismos profundos que movem os negócios privados", particularmente os processos que envolvem as decisões de investimento, ou seja, a criação de riqueza nova.

Na *Teoria geral*, Keynes tratou do caráter instável do investimento privado, concebido por ele como uma vitória do espírito empreendedor sobre o medo decorrente da "incerteza e da ignorância quanto ao futuro". É a tensão não mensurável entre as expectativas a respeito da evolução dos rendimentos do novo capital produtivo e o sentimento de segurança proporcionado pelo dinheiro que vão determinar, em cada momento, o desempenho das economias de mercado. A vida do homem comum vai depender do volume de gastos que os capitalistas – detentores dos meios de produção e controladores do crédito – estarão dispostos a realizar, criando mais renda e mais emprego. O destino da sociedade é decidido na alma dos possuidores de riqueza, onde se trava a batalha entre as forças de criação de nova riqueza e o exército negro comandado pelo "amor ao dinheiro".

Ensaios sobre o capitalismo no século XX

As decisões de gasto estão subordinadas às expectativas dos capitalistas enquanto possuidores de riqueza monetária – do sistema bancário em derradeira instância – de abrir mão da liquidez, criando crédito e incorporando novos títulos de dívida à sua carteira de ativos.

Nos momentos em que o medo do futuro é superado pelo otimismo quanto aos resultados dos novos empreendimentos, os espíritos animais atropelam qualquer cálculo racional e produzem nova riqueza e novas fontes de trabalho. Mas o sucesso não aplaca, senão excita o desejo, suscitando a febre de investimentos excessivos e mal dirigidos, bolhas especulativas nos mercados de ações, tudo isso apoiado no endividamento imprudente. Já nos momentos em que o medo do futuro atropela o espírito de iniciativa, a demanda capitalista por riqueza pode concentrar-se em ativos líquidos já existentes, inchando a circulação financeira e alterando negativamente os preços dos papéis (e, portanto, as taxas de juros), com prejuízos para o emprego e a renda da comunidade. Essa demanda não suscita o aumento da produção e a contratação de novos trabalhadores para satisfazê-la. Por isso, o investimento não deve ser deixado exclusivamente aos caprichos do ganho privado. Entregues à sua lógica, os mercados são incapazes de derrotar a incerteza e a ignorância.

Já observamos que nos trabalhos preparatórios de Bretton Woods, Keynes tomou posições radicais em favor da administração centralizada e pública do sistema internacional de pagamentos e de criação de liquidez. Sua convicção era que o controle de capitais deveria ser "uma característica permanente da nova ordem econômica mundial".

Uma instituição supranacional – um banco central dos bancos centrais – seria encarregada de executar a gestão "consciente" das necessidades de liquidez do comércio internacional e dos problemas de ajustamento de balanço de pagamentos entre países, superavitários e deficitários.

A história política e econômica do planeta, desde meados da década de 1970, vem registrando – na contramão da proposta keynesiana – a intensificação das pressões para a liberalização das contas de capital e para a desregulamentação financeira *urbi et orbi*. Os países de moeda fraca que se submeteram ao livre movimento dos capitais privados e ao dólar forte foram vitimados por crises cambiais e financeiras.

7
Antepassados e contemporâneos da senhora Krueger*

O FMI nasceu com recursos e poderes muito inferiores aos augurados por Keynes e Dexter White nas negociações que se iniciaram em 1942 e culminaram em 1944 com o Acordo de Bretton Woods.

O plano inicial de Dexter White previa a constituição de um verdadeiro Banco Internacional e de um Fundo de Estabilização. Juntas, essas instituições teriam uma capacidade ampliada de provimento de liquidez ao comércio entre os países-membros e seriam mais flexíveis na determinação das condições de ajustamento dos déficits do balanço de pagamentos.

Keynes propôs à Clearing Union, uma espécie de Banco Central internacional que emitiria uma moeda escritural, o *bancor*, de uso exclusivo dos bancos centrais nacionais. Num regime cam-

---

* Publicado originalmente em *Valor*, 22 maio 2003.

bial de taxas fixas, mas ajustáveis, as moedas nacionais estariam ligadas umas às outras por meio da moeda central. Os déficits e superávits dos países seriam escriturados, em *bancor*, nas contas mantidas pelos bancos centrais nacionais junto à Clearing Union. Uma peculiaridade do Plano Keynes era a distribuição mais equitativa do "ônus do ajustamento" no caso de desequilíbrios dos balanços de pagamentos entre países deficitários e superavitários. Isso significava, na verdade, dentro das condicionalidades estabelecidas, facilitar o crédito aos países deficitários e penalizar os países superavitários. Keynes, nos seus escritos sobre a Clearing Union, insistia na necessidade de controle do movimento de capitais para preservar a estabilidade das taxas de câmbio e a efetividade das políticas monetárias nacionais.

Na concepção keynesiana não era prudente entregar a sorte das moedas nacionais aos azares de um mercado instável, inclinado a gerar surtos de euforia que culminam em "paradas bruscas", desvalorizações abruptas e crises fiscais e bancárias. Havia o propósito de evitar na medida do possível ajustamentos recessivos nos países deficitários e devedores, fonte de desequilíbrios globais de difícil correção.

As propostas originais sofreram restrições nos EUA. O *establishment* financeiro americano não via com bons olhos a incursão internacionalista de seu governo. Uns entendiam que as novas instituições poderiam limitar a independência da política econômica nacional americana. Outros temiam que os mecanismos de liquidez e de ajustamento do Fundo pudessem deflagrar tendências "inflacionárias" na economia mundial.

O enfraquecimento do Fundo, em relação às ideias originais, significou, na prática, a entrega das funções de regulação de liquidez e de emprestador de última instância ao Federal Reserve. O sistema monetário e de pagamentos que surgiu do Acordo de Bretton Woods foi menos "internacionalista" do que desejariam os que sonhavam com uma verdadeira "ordem econômica mundial". Assim, as restrições ao desempenho do FMI não dizem respeito ao seu poder excessivo – como continuam imaginando alguns críticos à esquerda – mas sim à sua crescente submissão ao poder e aos interesses dos EUA.

Os brasileiros lembram-se, ou pelo menos deveriam lembrar--se, de que anos 80 foram marcados pelo predomínio das políticas patrocinadas pelo FMI, convocado para socorrer os graves distúrbios que acometiam os balanços de pagamentos dos países que se enfiaram na aventura do endividamento externo das décadas anteriores. Já naquela ocasião, a missão principal do Fundo era a de impedir o colapso dos sistemas bancários – entre eles o norte-americano – que tinham, em suas carteiras, uma proporção elevada de empréstimos destinados à periferia.

Os bancos internacionais puderam beneficiar-se tanto do trabalho de coordenação executado pelo Fundo quanto da formidável expansão da dívida pública norte-americana. Os papéis do governo americano deram mais qualidade aos ativos dos bancos credores, num momento em que a dívida latino-americana sofria forte desvalorização. Os programas do Fundo Monetário cumpriram, portanto, a finalidade implícita em sua concepção: reduzir ao mínimo os riscos de uma crise financeira à escala global, evitando, assim, a contaminação das praças que formam o centro nervoso do sistema internacional de pagamentos e de administração de grandes volumes de capital-dinheiro.

As políticas perpetradas na "década perdida" dos 80 culminaram, porém, no enfraquecimento fiscal dos Estados nacionais da periferia. Estrangulados pelo racionamento de crédito coordenado pelo FMI, acabaram por sucumbir completamente à voragem da crise monetária e da hiperinflação.

Nos anos 90, o Fundo empenhou a alma – se é que ainda tem uma – na abertura financeira. Assim, as crises do México, da Ásia, da Rússia e do Brasil eram mais do que previsíveis. Só os tolos e desavisados – os ideólogos do baixo monetarismo – ainda teimam em ignorar que os sólidos fundamentos fiscais não são suficientes (nem podem ser) para evitar um colapso cambial e financeiro depois de um ciclo exuberante e descontrolado de endividamento externo. No caso da economia coreana, por exemplo, os bons fundamentos contribuíram para construir as condições que levaram ao desastre. A "confiança" dos investidores levou à apreciação da moeda nacional, o *won*, a déficits elevados em transações correntes e, finalmente, à "parada súbita" causadora da crise cambial e bancária.

A falta de memória é o caminho mais curto entre a última crise cambial e a próxima.

A receita para esses desfechos trágicos é sabida: valorize o câmbio, financie o déficit em conta corrente com endividamento externo e permita a acumulação rápida da dívida interna de curto prazo, a outra face do aumento das reservas "emprestadas".

Falar em crise cambial hoje provoca sorrisos inconfundíveis nos integrantes do bloco "senta-que-o-leão-é-manso". São sestros faciais enigmáticos, entre a Mona Lisa e o Coringa, sempre dispostos a anunciar que, desta vez, a coisa vai ser diferente.

Marx

8
O velho Marx e o *rapaz* Chesnais*

O economista François Chesnais, mencionado de forma desairosa por Fernando Henrique, em sua já esquecida entrevista ao *Caderno Mais!*, da *Folha de S.Paulo*, é coordenador de uma coletânea de ensaios lançada na França sobre a "mundialização financeira". Apesar das aparências, o livro não apresenta qualquer veleidade de retaliação contra as menções do presidente brasileiro. Chesnais, ex-economista-chefe da Divisão de Estudos Econômicos da OCDE, do alto dos seus 74 anos, deve ter ficado feliz com a referência: foi chamado de *rapaz*, suspeito de antimarxismo.

Os oito estudos de vários autores, no entanto, rondam sinistramente as opiniões expendidas por Cardoso na catadupa conceitual que despejou sobre seus súditos brasileiros. Em bom francês, *comme il faut*, os trabalhos investigam as transformações no

---

* Publicado originalmente em *CartaCapital*, 13 nov. 1996.

sistema monetário internacional, sua relação com a desregulamentação e liberalização dos mercados financeiros. Daí as explicações sobre a crescente perda de dinamismo dos investimentos produtivos em favor da especulação em torno da variação dos preços dos ativos financeiros já existentes. Para terminar, a crescente instabilidade que vem afetando os mercados de crédito e de avaliação da riqueza, desde meados dos anos 70.

Mas a olímpica tranquilidade dos paredros nacionais funda-se na velha, mas conveniente, imprecisão da "abundância de capitais". A economia brasileira – ensinam por aqui – vai pegar no tranco, impulsionada pela entrada abundante de capitais, aqueles que estão voando nas asas da globalização. Alguns enchem a boca para falar das projeções de entradas de investimento direto da ordem de US$ 10 bilhões, ou seja, menos de 1,5% do PIB.

Só vamos invocá-lo em respeito ao presidente Cardoso, mas o velho Marx nos seus bons momentos – que eram muitos – costumava divertir-se com as trapalhadas conceituais dos epígonos da economia clássica que queriam demonstrar a harmonia do capitalismo e a existência de automatismos que impediriam a ocorrência das crises. Entre esses mecanismos de reequilíbrio figurava com destaque a abundância de capital monetário, que acompanhava uma eventual superprodução de mercadorias. Se isso fosse assim, a queda de preços das mercadorias atrairia fatalmente o dinheiro supervalorizado.

Nas crises, dizia Marx nas páginas dos *Grundrisse*,

> a contradição não se dá entre os diferentes gêneros de capital produtivo, senão entre o capital industrial e o capital de empréstimo (*loanable*), entre o capital tal qual se introduz diretamente no processo de produção e o capital tal como se apresenta como dinheiro, de maneira autônoma (relativamente) e à margem deste processo.

O capital não "sobra" na esfera monetária, porque escasseia na esfera produtiva. Em verdade, o estoque de capital produtivo é excedente e esse "excesso" aparece sob a forma de uma pletora

Ensaios sobre o capitalismo no século XX

de capital monetário, diante de perspectivas pouco animadoras de acrescentar o seu valor como capital em função. A "superprodução" de mercadorias e de trabalhadores só pode prosperar porque o capital "escasseia" sob a forma de novas aplicações produtivas e aparece como superabundante enquanto capital-dinheiro. "O dinheiro é tudo, as mercadorias não são nada", proclamava o autor de *O capital*.

Se vivesse no mundo de hoje, em que a expansão das dívidas públicas é fonte e alimento da valorização fictícia do capital-dinheiro, o velho Marx teria à sua disposição farto material – outrora subversivo – para escrever mais alguns volumes sobre as peripécias deste fascinante regime de produção.

Mas, mesmo sob a forma autonomizada de *loanable capital* em que é supostamente abundante nos dias de hoje, o capital revela maior generosidade em relação a certos devedores, como, por exemplo, os governos dos Estados Unidos, da Alemanha ou mesmo a superendividada Itália. A prova dos nove desta diferença de tratamento concedida pelo "Senhor Capital" foi tirada pelo irrequieto mas prestativo diretor da área externa do Banco Central, que foi obrigado a contentar-se com taxas de juros de terceira classe, na emissão dos *global bonds*.

Se não foi bom para o Brasil, o episódio pode ter servido de aconselhamento e oportunidade para a revisão de teorias abstrusas – malgrado reconfortantes – sobre o capital como fator abundante neste final de século.

175

9
Seattle: os pobres dos ricos*

A globalização tem lá suas virtudes. Uma delas é a que nos permite escapar da ditadura das agências internacionais de notícias ou das idiossincrasias, geralmente conservadoras, da maioria dos correspondentes e enviados especiais. Sempre ressalvando, é claro, as honradíssimas exceções.

Pois, graças às excelentes páginas editadas na Internet por universidades, revistas e instituições privadas, foi possível aos cidadãos deste admirável mundo novo saber que as manifestações de Seattle não foram obra de um grupo de marginais baderneiros, mancomunados com protecionistas empedernidos. Estavam lá, por certo, conhecidos dinossauros: os grandes sindicatos americanos, cuja morte vem sendo prematuramente anunciada pelos marqueteiros da nova economia. Também estavam os grupos civis

---

* Publicado originalmente em *Folha de S.Paulo*, 12 dez. 1999.

que se opõem ao domínio predatório do ecúmeno e das condições de vida, exercido, sem dó nem piedade, pelo movimento autorreferencial da acumulação de riqueza sob a forma monetária e abstrata.

Os mais inteligentes propagandistas e defensores da ordem econômica vigente, como a revista *The Economist*, escolheram o caminho da demagogia elegante: o fracasso da Rodada do Milênio; o protecionismo dos ricos vai prejudicar os países pobres. É muito difícil, por qualquer critério, sustentar a tese de que a assim chamada nova ordem econômica mundial tenha beneficiado os países mais pobres ou mesmo os pobres dos países ricos. Isso para não falar dos pobres dos países mais pobres ou remediados. Mas não é muito difícil demonstrar que os ricos – tanto nos países pobres quanto nos ricos – estão com a burra cheia.

É precipitado concluir, no entanto, que essas desgraças são produto exclusivo da maior liberdade de comércio (diga-se, aliás, que só os irremediavelmente tolos acreditam que exista tal coisa). Mas não se pode desconsiderar o papel das reformas liberais, impostas pelo Estado Plutocrático americano, na transformação dos métodos de acumulação de riqueza e nas metamorfoses da sociedade contemporânea. Todo cuidado é pouco para não tropeçar nas palavras e escorregar nos conceitos. Essas transformações e essas metamorfoses significaram um "retorno" ao império das leis de funcionamento da economia mercantil-capitalista, só momentaneamente encapsuladas por obra e graça da rebelião democrática do imediato pós-guerra, que ensejou a Grande Transformação. Em sua essência, as práticas do Estado intervencionista e de bem-estar buscaram, por meio da aplicação política de critérios diretamente sociais, encontrar soluções para os problemas da satisfação das necessidades humanas e da vida decente para a maioria, negando, assim, as condições de existência impostas aos cidadãos pela *ratio* do capital, cujo único propósito é acrescentar o seu valor.

As vitórias do reformismo liberal vêm fazendo recuar as tentativas do pós-guerra de domesticar a mercantilização universal

Ensaios sobre o capitalismo no século XX

e a concorrência sem quartel. Aí estão, operando, de novo, a todo o vapor, as tendências centrais do capitalismo: de um lado, a elevação acelerada da produtividade do trabalho, por meio da redução do tempo de trabalho socialmente necessário; o aumento brutal das escalas de produção e a explosão de todas as modalidades de superpopulação relativa; de outro, é impossível desconhecer a inclinação permanente à sobreacumulação, o que vem produzindo o acirramento da concorrência e, consequentemente, a queda das barreiras impostas à mobilidade do capital entre as suas várias formas e as diversas regiões do planeta. Entre todas as formas, o capital financeiro estabelece a sua supremacia. Ela é considerada "superior" por duas razões: 1. é a mais geral e líquida de existência da riqueza; 2. o sistema de crédito e os mercados financeiros são os encarregados de executar – por meio da "disciplina" e das sanções impostas aos próprios capitais – os desígnios despóticos do capital sobre a massa de trabalhadores e sobre os países mais fracos. Daí o recrudescimento da rivalidade entre as grandes empresas, impulsionando a concentração e a centralização dos capitais e provocando inevitavelmente as novas ondas de racionalização, desemprego "tecnológico" e internacionalização da produção e da finança.

As manifestações de Seattle são o grito mais forte de protesto dos pobres dos países ricos. A economia americana, por exemplo, vem crescendo a taxas elevadas há quase dez anos. Os salários reais, apesar dos propalados ganhos formidáveis de produtividade, cresceram quase nada. Aliás, os que tentam sobreviver na região dos três últimos níveis da escala de distribuição da renda perderam grana. O líder trabalhista MacGee proclamava: antes de combater a superexploração do trabalho na Nicarágua ou na Indonésia, os americanos deveriam olhar para o seu próprio país, onde os *sweatshops* espalham-se por toda parte, empregando mão de obra imigrante e ilegal.

10
Fábrica de tragédias*

Marx gastou, provavelmente em vão, muita tinta e papel tentando advertir: ao mesmo tempo que criaram as promessas de liberdade, igualdade e fraternidade, as sociedades erguidas sobre as *formas* econômicas do capitalismo correm o sério risco de não entregar o que prometeram. O velho Karl imaginava, como bom filho do Iluminismo, que a universalização das formas de convivência engendradas pelo mercado era um avanço nas pretensões de se garantir a liberdade do indivíduo contra o despotismo do *Ancien Régime*. Mas sabia que a universalização da forma mercadoria, realizada mediante a força do expansionismo capitalista, entraria em choque com as promessas de liberdade, igualdade e fraternidade.

---

* Publicado originalmente em *CartaCapital*, 1 ago. 2001. Esta edição contém passagens de: Globalização e tragédia americana. *Valor*, 13 set. 2001.

A plena liberdade na esfera mercantil significa condicionar o acesso de todos os bens da vida ao impulso cego da acumulação de riqueza sob a forma monetária e abstrata, estreitando o espaço ocupado pelos critérios derivados do mundo das necessidades. A intensificação da concorrência capitalista impõe a redução do tempo de trabalho socialmente necessário e a redundância dos trabalhadores, acelerando, ao mesmo tempo, o processo de concentração do capital, da riqueza e da renda.

Em seu desenvolvimento concreto, a globalização em curso se apresenta exatamente como a regeneração das três tendências centrais e inter-relacionadas do capitalismo: 1. a mercantilização acelerada de todas as esferas da vida, inclusive daquelas até agora protegidas (amor, lazer, religião); 2. a universalização da concorrência; 3. a concentração do poder econômico e político.

Estamos diante de uma espécie de vingança dessas tendências nucleares contra as tentativas de domesticação, empreendidas com sucesso pela dura luta política das classes subalternas, depois de duas guerras mundiais e da Grande Depressão dos anos 30. Entre outras coisas, a vingança está conseguindo reverter o processo de redução das desigualdades observado no mundo desenvolvido no período que vai do final da Segunda Guerra Mundial até meados dos anos 70. Nos países centrais, tenta-se minar o sistema de direitos sociais e econômicos erigido no pós-guerra sob a égide do Estado de bem-estar. Na periferia, os Estados nacionais vão sendo reduzidos à impotência. Apresentada como condição para combinar igualdade e eficiência, a competição desenfreada vem impondo aos mais fracos – Estados nacionais e indivíduos – a concentração da renda e da riqueza.

É assim que a ressurreição do capitalismo turbinado vem permitindo que os bem-sucedidos gozem do tempo livre, acumulado sob a forma de capital fictício (títulos que representam direitos à apropriação da renda e da riqueza), enquanto os mais fracos são liberados compulsoriamente do direito ao trabalho e à renda decente. A liberação do esforço apresenta-se como a ameaça per-

Ensaios sobre o capitalismo no século XX

manente do desemprego, a crescente insegurança, a precariedade das novas ocupações e a exclusão social.

O povo informado do mundo já se deu conta da verdadeira natureza do sistema econômico social e político que hoje, sob a alcunha de globalização, insiste em governar suas vidas: é a fábrica de tragédias.

As normas da mercantilização generalizada e da concorrência universais são apresentadas, contudo, como forças naturais. O que elas refletem, na verdade, é a prevalência dos interesses dominantes do país dominante sobre o resto do mundo. As reformas liberais vêm sendo impostas aos governos da periferia pelos organismos internacionais – Banco Mundial, FMI, BID – que funcionam como executores das políticas compatíveis com a preservação da Ordem Americana.

O conto de fadas da globalização acenava com o fim da história: as questões essenciais relativas às formas de convivência e ao regime de produção à escala mundial estariam resolvidas com a generalização da democracia liberal e da economia de mercado. Não haveria mais sentido na discussão de questões anacrônicas, como as da pertinência cívica, laica e republicana, sentimento desenvolvido a partir do nascimento do Estado-nação e consolidado com o Estado Social.

O pesadelo em que se transformou o sonho do fim da história e da cidadania sem fronteiras coloca-nos como vítimas prováveis do embate entre o desespero dos que não têm rosto – porque não têm pátria – e uma estrutura de Poder Global que se pretende absoluta, encarnada no rosto da pátria americana. Nas regiões mais frágeis – não custa repetir, contrariando as normas e os ideais da vida republicana – os recursos de poder político, militar e de comunicação escapam ao controle do Estado. A cidadania se amofina diante do fundamentalismo religioso, o que significa reconstruir, no interior de cada região "desestatizada", a situação hobbesiana do *bellum omnium contra omnes*. Em sua essência, tal estado de coisas significa a desvalorização da própria vida, o que não

183

pode deixar de suscitar a depreciação da vida alheia. Todos, afinal, se reconciliarão no Paraíso.

11
Os críticos e as reformas*

No calor do debate sobre a reforma da Previdência, o assessor do presidente Lula, Luiz Dulci, invocou Karl Marx. Tenho fortes razões para desconfiar que o velho Karl não é um guia seguro para dirimir as controvérsias que afligem os que estão contra e os a favor das reformas. São muitos os que buscam nas obras do autor de *O capital* um vade-mécum para políticas reformistas, enquanto outros negam a existência em seus trabalhos de qualquer sugestão útil para a reforma social.

Nas incontáveis versões e interpretações do marxismo, sabemos que outros Marx são possíveis. Vou arriscar a pele, se não a reputação, para falar de um deles, quase desconhecido. Não sei, na verdade, se desconhecido ou evitado. Um Marx muito perigoso, implacável, diria até mesmo sinistro: o Marx da suspeita.

---

* Publicado originalmente em *CartaCapital*, 7 maio 2003.

Contam experientes marinheiros que em suas águas profundas e insondáveis costumam naufragar gregos e troianos.

Marx, assim como Freud e Nietzsche, atravessou a vida suspeitando da inocência da linguagem, tentando desvendar a perversidade que se esconde sob o manto das palavras benévolas. Suas obras "econômicas" podem ser lidas como uma exaustiva digressão a respeito dos grilhões que aprisionam o indivíduo e sua consciência ao longo do processo de constituição e desenvolvimento das relações de produção capitalistas. Sob a consigna Liberdade, Igualdade e Fraternidade, os homens arrastam suas cadeias. O que se fala não é o que se faz e, pior, nem o que se pretende fazer. "Muito bem, vocês querem a liberdade, a igualdade e a fraternidade, mas eu vou mostrar como essa estrutura social vai desenvolvendo formas de submissão cada vez mais sutis e, ao mesmo tempo, mais distantes do controle e da crítica do indivíduo. Isto o impede de conduzir sua vida com verdadeira autonomia." Marx era utópico. Sua utopia foi construída sobre a crítica permanente da imagem que a Sociedade e o Poder fazem de si mesmos.

Ouvi muitas vezes, de gente graúda, que, nestes tempos de límpidas certezas, vivemos um paradoxo: enquanto os governos de qualquer tendência tomam a iniciativa das reformas, a esquerda encastela-se em posições conservadoras. O primeiro-ministro trabalhista da Inglaterra, Tony Blair, tem usado esse argumento para justificar a busca de uma Terceira Via, em que o dinamismo do mercado possa ser combinado com preocupações com a equidade e com a justiça social. Na mesma toada, nossos "modernos" têm sido incansáveis em acusar seus adversários de requentar o ideário da "esquerda retrógrada", empenhada em manter o *status quo* e defender privilégios.

Essa troca de posições entre progressistas e conservadores parece ser um dos mais fascinantes quebra-cabeças deste início de século. Numa sociedade como a brasileira, em que as desigualdades são gritantes, é possível que os "reformistas" e "con-

Ensaios sobre o capitalismo no século XX

servadores" usem as expressões *justiça social, equidade,* sem fazer a crítica radical de seus pontos de vista. Vou dar um exemplo. De boa-fé ninguém pode negar o caráter anti-igualitário dos benefícios oferecidos pelos dois sistemas de previdência: o dos funcionários públicos e o destinado ao setor privado. O desequilíbrio entre os dois sistemas foi, ademais, agravado pela continuada deterioração do teto do sistema privado, hoje em torno de R$ 1.500,00, e pela manutenção de benefícios bem acima da média para algumas categorias de funcionários. O governo, além disso, assinala um déficit do sistema público, sublinhando o descompasso atuarial entre as contribuições e os benefícios futuros.

A crítica dos próprios interesses justificaria, nas condições brasileiras, uma discussão mais aprofundada da reforma da Previdência. Talvez se evitasse o bate-boca estéril entre o governo e os dissidentes. Explico: a experiência recente mostra que os sistemas de seguridade social, incluídos os previdenciários, estão deixando de ser "contributivos" para assumir, cada vez mais, um caráter solidário, em que todos contribuem para o fundo comum. Assim as "contribuições" ficam mais parecidas com um imposto cobrado sobre a folha de salários. A tendência mundo afora é de que os impostos gerais tenham uma participação crescente no financiamento da seguridade.

Seria, assim, mais do que justa a adoção da contribuição dos inativos, com alíquotas progressivas. De quebra, os governos deixariam de tapear a sociedade com essa história do déficit.

Polanyi

12
No vértice da Grande Transformação*

Karl Polanyi, em sua obra-prima, *A grande transformação*, chamou de moinho satânico as engrenagens da economia capitalista. Insaciável em seu apetite de acumular riqueza abstrata, esse sistema de produção costuma triturar as condições de vida dos indivíduos concretos. Polanyi, católico e oficial do exército austro-húngaro na Primeira Grande Guerra, procura mostrar em seu livro que a transformação da terra, da mão de obra e do dinheiro em mercadorias significa a subordinação da própria substância da sociedade às leis do mercado.

A terra (recursos naturais), a mão de obra (capacidade de trabalho) e o dinheiro (poder de compra) não podem estar sujeitos aos processos impessoais, imprevisíveis e às vezes catastróficos do mercado, porque são, antes de mais nada, condições de sobre-

---

* Publicado originalmente em *CartaCapital*, 1 maio 1996.

vivência humana, meios que permitem o acesso aos bens da vida. Condicionar o acesso a esses meios de vida a decisões que não têm outra finalidade senão a acumulação de riqueza sob a forma monetária significa lançar os indivíduos na insegurança permanente. Atingidos pelo desemprego, pela falência ou pela desvalorização de sua riqueza, tragada por movimentos ou flutuações inesperadas dos mercados, os indivíduos estão afastados dos meios que permitem a sua sobrevivência. Para esses desamparados, a liberdade de vender e comprar tem um único sentido: aparece como o despotismo de forças que lhes são estranhas, que não podem compreender, nem suportar. Enquanto são apenas borbulhas num caudal de prosperidade, estas desgraças não passam de tragédias pessoais, entre tantas que se desenrolam na vida social.

O problema, no entanto, é de outra natureza quando aqueles fenômenos irrompem sob a forma diretamente social, como produtos de uma engrenagem perversa que, em seu funcionamento maníaco, devasta a vida de milhões de pessoas e as entrega aos azares da liberdade negativa. Nestas condições, diz Polanyi, o instinto de autoproteção realista da sociedade começa a suscitar reações que visam conter os efeitos gerados pela operação dos mercados autorregulados.

Na visão dos liberais de hoje e de sempre, o mau funcionamento da economia ou a eclosão das crises devem ser tributados às tentativas de interferir nas leis que governam o mercado livre. Polanyi inverte o argumento: é a utopia do mercado autorregulado que desencadeia as reações de autoproteção da sociedade contra o desemprego, o desamparo, a falência, a bancarrota, enfim, contra a exclusão dos circuitos mercantis, o que significa, na prática, a impossibilidade de acesso aos meios necessários à sobrevivência humana.

Essas reações são essencialmente políticas, no sentido de que envolvem a tentativa de submeter os processos impessoais e automáticos da economia ao controle consciente da sociedade. Polanyi nos anos 30 estava observando um momento da história

Ensaios sobre o capitalismo no século XX

deste século em que a revolta contra o econômico revelou-se tão brutal quanto os males que a economia destravada impôs à sociedade. Estudando o avanço do coletivismo nesta quadra, Karl Polanyi conclui que não se tratava de uma patologia ou de uma conspiração irracional de classes ou grupos, mas sim de forças gestadas nas entranhas do mercado autorregulado.

Com o colapso da economia, a superpolitização das relações sociais torna-se inevitável. O despotismo da mão invisível tem de ser substituído pela tirania visível do chefe. O político e a polícia começam a invadir todas as esferas da vida social, como se fossem suspeitas quaisquer formas de espontaneidade.

Os insucessos das atuais políticas inspiradas nas crenças do liberalismo econômico vêm provocando, nos países avançados, o crescimento assustador das facções direitistas. A palavra de ordem nestes grupamentos é conter, com a violência requerida, os impulsos cosmopolitas do mercado, esta grande revolução da indiferença que busca, sem descanso, dissolver todos os vínculos territoriais, nacionais, de classe, de grupo, da família. Se Polanyi está correto em suas avaliações, é bom prestar atenção às manobras dessa turma.

13
O moinho satânico*

O presidente Fernando Henrique Cardoso teve seu melhor momento como sociólogo na entrevista à revista *Veja* que li em 7 de setembro, Dia da Pátria (*data de capa de 10 de setembro*). Pelo menos como sociólogo, o presidente procurou escapar da sina dos políticos que, no exercício do mandato, incomodados e constrangidos pelos ditames caprichosamente despóticos dos mercados e de suas políticas, limitam-se a resmungar protestos, acenam com melhorias que não acontecem ou simplesmente deixam-se arrastar pela força da correnteza.

É verdade que as discussões, hoje em voga no mundo, sobre alternativas, têm-se limitado, no âmbito de certa esquerda, às estratégias de recuo. É a tentativa desesperada de defender as

---

* Publicado originalmente em *CartaCapital*, 17 set. 1997. Esta edição contém passagens de: As grandes transformações. *CartaCapital*, 4 fev. 1998.

últimas trincheiras do Estado social, sob o fogo cerrado da fúria reformista dos liberais.

À direita, os dissidentes mais extremados do *establishment* não estão, como de hábito, inclinados a perplexidades e sutilezas. A palavra de ordem é, como sempre, encontrar os bodes expiatórios: o livre-comércio, as multinacionais apátridas, os imigrantes e, enfim, o liberalismo político, responsável pela disseminação de ideias desagregadoras como a legalização do aborto e a tolerância com o homossexualismo.

Comum às duas posições há a percepção de que é preciso barrar a marcha dessas "transformações inexoráveis". Ainda que impotentes e desarticulados neste momento, os resistentes podem ser divididos em dois grandes grupos. À esquerda, os que pretendem recapturar as energias descontroladas da economia capitalista, dirigindo sua evolução para as exigências do hábitat humano, à satisfação das necessidades manifestadas por indivíduos realmente autônomos, para a construção da vida em sociedade guiada pela razão, pelos princípios da equidade e pelas normas de civilidade. São estes, em geral, que clamam pela reconstituição, melhor seria dizer, reinvenção das formas públicas de coordenação, reconhecendo que os padrões da era keynesiana estão desgastados. Pedem, antes de mais nada, a constituição de organismos supranacionais, aptos a disciplinar, por intermédio de mecanismos de ajuste adequados, o processo de integração das economias na órbita produtiva, comercial e financeira. Outros, à direita, pretendem, com a habitual truculência, barrar as tendências dissolventes do mercado.

Karl Polanyi, já observamos, chamou de moinho satânico as engrenagens da economia capitalista que esmagam as condições da vida dos indivíduos. Tanto Keynes quanto Marx definiram o capitalismo a partir da tendência incontrolável do capital-dinheiro em dobrar-se sobre si mesmo, na ânsia de desvencilhar o enriquecimento privado das limitações impostas pelas relações de produção.

Ensaios sobre o capitalismo no século XX

Essa metamorfose fantástica do capital está realizando-se sob os nossos olhos, nos mercados financeiros contemporâneos. Dinheiro que produz dinheiro é o processo em estado puro, adequado a seu conceito, livre da materialidade do mundo concreto do trabalho e da vida dos cidadãos comuns. Se por um lado é admirável essa plasticidade de movimentos, o enorme potencial de criação de riquezas, também é assustador o seu inerente desprezo pelas formas particulares da riqueza, a sua busca pela indiferenciação, a sua dinâmica autorreferencial e contraditória.

Essa dinâmica só pode realizar-se por meio da concorrência universal que, ao contrário da concorrência perfeita da teoria ortodoxa, não decorre da ação racional dos agentes, mas se impõe sobre eles como uma força externa, irresistível, que os obriga a realizar a *ratio* de um processo satânico.

Por isso, é preciso reduzir o tempo de trabalho, inovar para bater o concorrente, tentar ganhar a dianteira sempre, porque é impossível mantê-la. Daí a exigência de esmagar o concorrente, aniquilar suas forças ou absorvê-lo para ganhar um naco crescente da riqueza intangível e fugaz que obriga a querer mais e mais.

Em seu rastro de vitórias, as legiões da riqueza abstrata deixam um séquito de desgraças: o desemprego, a crescente insegurança e precariedade das novas formas de ocupação, a queda dos salários reais, a exclusão social. Esses são os espectros que rondam não só a Europa, mas também outras partes do mundo, neste final de século.

Não há como negar que o presidente Cardoso entende que é desejável a imposição de limites à marcha dessas "transformações inexoráveis". Proclama que só a radicalização da democracia é capaz de cumprir a grande promessa da modernidade, ou seja, a de proteger o indivíduo e a sociedade das ameaças que rondam suas condições de existência: o aniquilamento político da autonomia individual e a subordinação do "mundo da vida" ao império do dinheiro.

Lamentavelmente, como muitos dos partidários da democracia radical, o presidente parece tão hábil na identificação dos perigos oriundos da "excessiva" politização da sociedade (privilégios da burocracia, corporativismos etc.) quanto imperito em avaliar a profundidade das forças que vêm colocando em risco o avanço da democracia radicalizada.

Refugia-se numa vertente da "ética discursiva", cujas características maiores são a supressão das diferenças de poder *real* entre classes sociais (terão desaparecido?) e o completo desdém pelo conflito profundo entre a dinâmica econômica do capitalismo contemporâneo e as condições requeridas para a realização da verdadeira autonomia do indivíduo integrado à *sociedade*.

Hobson

14
Capitalismo fictício*

No filme *Almas em fúria*, de Anthony Mann, o personagem de Barbara Stanwyck fulmina uma garota de cabaré que lhe dizia ser "nova na cidade": – *Você não é nova em lugar nenhum.* Tão antigos e dúbios quanto os hábitos das senhoritas de cabaré são os métodos da finança capitalista. Isso não impede que os espertalhões tentem vendê-los aos crédulos na cidade dos Grandes Negócios como a palavra final de um saber econômico indiscutível.

Esta é a história das privatizações e da abertura dos mercados financeiros nos países emergentes, do olho grande da banca privada *urbi et orbi* sobre a grana da Previdência. É isso que nos mostra o economista inglês J. A. Hobson, em seu livro clássico *Modern capitalism,* cuja primeira edição é do final do século XIX. Nele o autor desenha os contornos teóricos do assim chamado capitalis-

---

* Publicado originalmente em *CartaCapital*, 22 nov. 2000.

mo da grande empresa, dos bancos e da predominância do cálculo financeiro sobre a estratégia produtiva. Essa forma "moderna" assumida pelo capitalismo foi desenvolvida com base nas modificações ocorridas na economia americana, na virada do século. Os resultados das transformações observadas bem merecem a qualificação de "capitalismo moderno", sobretudo no sentido de que o surgimento e o desenvolvimento da grande corporação americana se constituem no embrião nacional do posterior desdobramento transnacional do grande capital.

Hobson, da mesma maneira que Hilferding fez para a Alemanha, acentuou corretamente o papel do capital financeiro para explicar o surgimento da grande empresa americana e o caráter de sua hegemonia futura.

As mudanças radicais operadas na organização industrial da grande empresa vão acompanhar o aparecimento de uma "classe financeira", o que tende a concentrar nas mãos dos que operam a máquina monetária das sociedades industriais desenvolvidas, isto é, dos grandes bancos, um poder crescente no manejo das relações e decisões estratégicas do sistema capitalista. Assim, diz Hobson, "a reforma da estrutura empresarial à base do capital cooperativo, mobilizado a partir de inúmeras fontes privadas e amalgamado em grandes massas, é utilizada em favor da indústria lucrativa por diretores competentes das grandes corporações". Como se vê, Hobson coloca o acento na "classe financeira" enquanto comandante estratégica da grande empresa.

Na verdade, o que distingue esta forma de capital financeiro das que a precederam historicamente é o *caráter universal* e *permanente dos processos especulativos* e de criação contábil de capital fictício. A natureza intrinsecamente especulativa da gestão empresarial, nesta modalidade de "capitalismo moderno", traduz-se pela importância crescente das práticas destinadas a ampliar "ficticiamente" o valor do capital existente, tornando necessária a constituição de um enorme e complexo aparato financeiro. A estimativa real do valor dos ativos é calculada a partir de sua capacidade de

Ensaios sobre o capitalismo no século XX

ganhos. Se os ativos tangíveis podem ser avaliados pelo seu custo de produção ou reposição, aqueles de natureza não tangível só podem sê-lo por sua capacidade líquida de ganho. Esta, por sua vez, só pode ser estimada como o valor capitalizado da totalidade dos rendimentos futuros esperados, menos o custo de reposição dos ativos tangíveis. É aqui que reside a elasticidade do capital, comumente utilizada pela "classe financeira" para ampliar a capitalização para além dos limites da capacidade "real" de valorização. Dessa forma, a capacidade putativa de ganho de uma grande companhia, independentemente de como seja financiada, repousa fundamentalmente no controle dos mercados, na força de suas armas de concorrência, e é, portanto, mesmo amparada em métodos avançados de produção, altamente especulativa em seu valor presente.

Entre as práticas de valorização fictícia incluem-se tanto as que são executadas nos mercados de capitais quanto as exercidas mediante a manipulação de preços dos ativos a ser submetidos ao controle das diversas frações do capital monopolista. Por isso, os modelos de avaliação tentam dar a aparência de rigor ao que, na verdade, é subjetividade e arbítrio.

O conjunto da economia monopolista só pode avançar com o alargamento do crédito. Hobson fala do duplo papel desempenhado pelos bancos no financiamento das grandes companhias: primeiramente, como promotores e subscritores (e frequentemente como possuidores de grandes lotes de ações não absorvidas pelo mercado) e, em segundo lugar, como comerciantes de dinheiro – descontando títulos e adiantando dinheiro. Torna-se evidente que a dominação da indústria capitalista é exercida fundamentalmente pelos bancos. E, à medida que o crédito vai-se tornando a força vital dos negócios modernos, a classe que controla o crédito vai-se tornando mais poderosa, tomando para si – como seus lucros – uma proporção cada vez maior do produto da indústria.

Gray

15
Odores desagradáveis no ar*

O pensador inglês John Gray foi um dos conselheiros de Margaret Thatcher, no começo dos anos 80. Recentemente publicou um livro importante, *False dawn: the delusions of global capitalism*, um libelo contra as trapalhadas ideológicas e políticas do neoliberalismo. O livro foi naturalmente criticado por liberais e por conservadores. Nem mesmo faltou uma resenha pouco elogiosa do *enfant terrible* Paul Krugman, que saiu em defesa da boa ciência econômica, apenas um dos alvos dos ataques de Gray.

Quando alguns economistas ficam muito irritados com as críticas, pode o leitor estar certo: a catedral de certezas que carregam às costas foi atingida em um ponto vital. Em geral, as respostas dos economistas profissionais começam com a acusação de que o crítico não domina as sutilezas da teoria econômica. É um argu-

---

* Publicado originalmente em *CartaCapital*, 14 out. 1998.

mento que lembra muito os contorcionismos dos teólogos da Igreja Católica diante das impugnações dos heréticos. Esperemos que, no caso da chamada ciência econômica, tenham os espíritos mais independentes a ventura de escapar dos negrumes da Santa Inquisição.

Mas vamos deixar, por ora, os economistas entregues ao estudo e à defesa da dogmática do capitalismo. Voltemos ao herético Gray, que por sinal é professor de Pensamento Europeu na London School of Economics, e voltou a atacar na última edição da revista americana *The Nation*, reafirmando teses perigosas.

"A curta história dos mercados livres na Inglaterra do século XIX ilustra uma verdade fundamental: a democracia e o livre mercado não são aliados, são rivais." John Gray mostra que a *belle époque* do capitalismo liberal sobreviveu à custa da ausência das massas na cena política. Nas três últimas décadas do século XIX, enquanto os poderosos reverenciavam e celebravam as virtudes do automatismo do mercado, permaneciam as restrições políticas ao sufrágio universal, às liberdades sindicais. A vida política era monopólio "natural" da aristocracia e dos endinheirados.

Alguns liberais saudosistas ainda lamentam que a Primeira Guerra Mundial, como um raio em céu azul, tenha interrompido a plácida prosperidade que imperava entre o crepúsculo de um século e o nascimento de outro.

Como toda evocação, também neste caso o mito suplanta a boa investigação histórica. Entre o final do Oitocentos e o começo do Novecentos, a lógica tresloucada da competição, das rivalidades imperiais e do individualismo agressivo levou a economia à crise e o mundo à guerra.

A emergência da Alemanha e dos Estados Unidos tinha deslocado a supremacia industrial inglesa. Recuando para as colônias, a Inglaterra ainda pretendia manter a supremacia da libra, amparada na força de persuasão do padrão-ouro e de seu capital financeiro. As tensões que começaram a se acumular no sistema internacional explodiram. Primeiro as crises localizadas na periferia.

Ensaios sobre o capitalismo no século XX

Depois, as turbulências se espalharam com a virulência da Peste Negra. Às vésperas da Primeira Guerra Mundial estava desenhada uma crise financeira de enormes proporções. Gray é daqueles que vão passando para iluminar os erros do presente. A Grande Depressão, diz ele, foi uma onda que sobreviveu ao choque da Primeira Guerra Mundial. Destruiu o império dos Romanovs e dos Habsburgos, deixando um instável equilíbrio de poder na Europa. Mas ela foi também a consequência das políticas econômicas do período entreguerras. Os governos achavam que o retorno ao padrão-ouro e as vitórias obtidas nas economias açoitadas pela hiperinflação trariam de volta a prosperidade dos anos gloriosos do final do século XIX.

A desilusão não foi pouca. A aventura de reinventar o *laissez--faire* redundou na maior tragédia econômica, política e, pior que isso, humana, até agora registrada na história do capitalismo.

Gray sugere que, neste final de século XX, o ar está carregado de odores desagradáveis. Evocam situações e comportamentos de um passado de grandes erros, mentiras desastrosas. A economia globalizada e desregulada é uma fraude. Ela foi impulsionada pelos interesses da potência hegemônica, não se sabe até quando em proveito próprio. Os últimos acontecimentos protagonizados pelos mercados financeiros mostram que é preciso conter a mula sem cabeça da especulação financeira. Sob pena de as economias nacionais e seus cidadãos serem tragados por uma crise deflacionária que deixaria envergonhada a Depressão dos anos 30.

Há sinais de fumaça emitidos pela boa razão. Fala-se cada vez mais frequentemente na necessidade de se reformar o sistema monetário e financeiro internacional. O *establishment* americano, por meio do secretário do Tesouro, Robert Rubin, e do economista do FMI, Stanley Fisher, resiste à volta do "intervencionismo". Estão claramente na defensiva.

16
Desigualdade e insegurança
na economia global*

Nos idos de 1999, o badalado colunista do *New York Times*, Thomas Friedman, destilava indignação contra a turba que havia protestado em Seattle contra a Organização Mundial do Comércio. Friedman tratou os manifestantes como lunáticos, débeis mentais e arruaceiros. Eram tudo isso e muito mais: em meio à euforia e baixo desemprego da Nova Economia, os tipos não revelavam qualquer gratidão ao sistema que estava a proporcionar tanta riqueza durante tanto tempo.

Se esperasse mais alguns anos, o colunista do *New York Times* talvez tivesse refreado sua virulência. Nos Estados Unidos, o crescimento espetacular da década de 1990 foi acompanhado de um aumento na concentração da renda e da riqueza. Assim acaba de anunciar, com algum alarde, a mídia global. Os 20% mais pobres

---

* Publicado originalmente em *Valor*, 9 out. 2003.

tiveram de suportar uma queda no valor dos rendimentos, calculados a preços de 1995. Os 20% do andar imediatamente acima não mostraram sinais de reação, enquanto os 10% mais ricos lavaram a égua.

Fora isso, as pesquisas de opinião apontam a insegurança quanto ao futuro como uma das maiores preocupações das famílias assalariadas americanas. É certo que a sensação mais intensa de insegurança é fruto de uma combinação perversa entre o aumento do desemprego e o onze de setembro. Mas há também fortes indícios, em épocas de empregos escassos, de que a cultura de celebração dos vencedores – o vencedor leva tudo – pode causar sérios estragos psíquicos na turma dos assim considerados perdedores.

O sociólogo americano Robert Bellah, num trabalho de pesquisa condensado no livro *Hábitos do coração*, conclui que a sensação de insegurança parece aumentar com a invasão, em todas as esferas da vida, das normas da mercantilização e da concorrência, como critérios dominantes da integração e do reconhecimento social.

Nos países, como os Estados Unidos, em que os sistemas de proteção contra os frequentes "acidentes" ou falhas do mercado são parciais, estão em franca regressão, ou são cronicamente insuficientes, a insegurança assume formas ameaçadoras para o convívio social. A expansão da informalidade e da precarização das relações de trabalho – e a desagregação familiar que as acompanham – tendem a avançar para a criminalidade eventual e, depois, para o crime organizado.

Nos anos 90, americanos e europeus travaram acirrada disputa em torno das qualidades de seus "modelos" de economia e de sociedade. Os americanos divulgavam as maravilhas do *american way*: estavam crescendo mais rápido do que seus competidores e criando muito mais empregos. Em meados da década, os europeus amargavam taxas de desemprego de 12%, enquanto Tio Sam podia orgulhosamente exibir ao mundo apenas 4% de gente disposta a trabalhar sem encontrar emprego.

Ensaios sobre o capitalismo no século XX

Na Europa, em plena trajetória de baixo crescimento e de elevadas taxas de desemprego, o quadro social era mais tranquilo. Ainda assim, eram frequentes as manifestações de protesto contra as tentativas de reformar o Estado de bem-estar. Foi este o caso da França em 1995. Não foram outros os propósitos dos movimentos que, de tempos em tempos, eclodiram na Alemanha e na Itália. Desde então, têm sido muitas as exibições de insatisfação com os rumos atuais da economia e da sociedade.

Nas últimas duas décadas, os ideais da emancipação coletiva deram lugar, no imaginário dos povos, à utopia do indivíduo e de sua liberdade de escolha. Nesta toada, são cada vez mais frequentes as arengas dos ideólogos contra as tentativas de ordenar e controlar a marcha da economia liberalizada. Dizem eles que é preciso impedir os desmandos da política, os surtos de populismo.

Ecoando estas tendências, os liberais de todos os matizes sustentam que o *Welfare State* (Estado de bem-estar) criou uma clientela que, entre outras coisas indevidas, quer garantia de emprego, além de sombra e água fresca, tudo fornecido graciosamente pelo Estado munificente. Garantem os adversários do Estado social que a insistência em políticas "irracionais e populistas" produzirá – ao contrário do que pretendem seus defensores – menos crescimento e mais desemprego no longo prazo.

Numa versão um pouco mais sofisticada, esta pérola poderia ser assim engastada nos adornos do livre-pensamento: está fadada ao fracasso qualquer proposta de intervenção, em nome da segurança coletiva, que esteja em desacordo com as hipóteses científicas da escolha racional do indivíduo "utilitarista", cuja ação deve estar apenas limitada por restrições impostas pela escassez de recursos e pelo funcionamento dos mercados competitivos.

O escritor inglês John Gray, ex-conselheiro de Margaret Thatcher, em seu livro *False dawn*, explica que o projeto do novo capitalismo supõe a destruição das instituições intermediárias da sociedade. Ele insiste na tese de que, nos primórdios do capitalismo, a generalização das práticas mercantis e o funcionamento dos mercados livres só não se tornaram autodestrutivos porque seus efeitos foram contrabalançados pela ação dos governos locais, das igrejas, das associações profissionais, das sociedades de ajuda mútua, das famílias estruturadas.

Já a reinvenção contemporânea do capitalismo, diz ele, busca o enfraquecimento daquelas estruturas intermediárias. Assim é porque o processo de mercantilização não é capaz de resistir aos impulsos mais profundos de sua natureza: o domínio de todas as esferas da vida.

É estranho que ainda exista gente disposta a considerar anômala a associação entre mercados destravados e desordem social. Mesmo se pudesse ser considerado estável (em termos econômicos), o mercado livre está destinado a destruir as outras instituições que preservam a coesão social. Nenhuma sociedade pode optar pelo livre mercado e pretender evitar as suas consequências.

Parte IV
O futebol

1
Ademir da Guia*

No começo dos anos 60, o escritor e são-paulino Antônio Olavo Pereira insistiu para que o acompanhasse ao Pacaembu para ver um jogo entre as seleções de novos de São Paulo e do Rio de Janeiro. Vai jogar o filho do Domingos da Guia, argumentou, diante da minha hesitação. Não tive tempo, nem razões para me arrepender. Jogando pela seleção do Rio, o filho de Domingos, o Divino, deslizou pelo campo, sempre livre, cabeça erguida. Insistentemente visível para os companheiros, parecia invisível para os adversários. Escorados nesta omnipresença imperceptível, os cariocas bateram os paulistas. Do placar não me recordo mais. Lembro-me, sim, do gol do garoto elegante. Driblou o zagueiro adversário com o corpo e

---

* Artigo inédito.

colocou gentilmente a bola nas redes, como quem pousa um beijo no rosto da amada.

Saímos, Antônio Olavo e eu, assombrados. Mas não podia imaginar que durante dezesseis anos, entre 1961 e 1977, os deuses dos estádios me concederiam a graça de ter no meu time aquela figura renascentista do futebol. Digo renascentista porque Ademir construía o espaço do jogo como Da Vinci desvendava as possibilidades da perspectiva.

O tempo passava e eu cada vez mais convencido de que a família Da Guia pertencia, sem dúvida alguma, à estirpe do grande Leonardo. Da Guia, Da Vinci. Os jovens palmeirenses de hoje sofrerão pela eternidade a saudade do Ademir que não puderam ver. Não há consolo por não ter visto Ademir num jogo contra o Botafogo no Pacaembu. Recebeu um passe à altura da meia-lua, três jogadores do adversário à sua frente. Não havia espaço senão para passar a bola para trás. Não havia espaço para os seres comuns, naturalmente. Ademir enfiou o pé por debaixo da bola, encobriu a barreira humana, e serviu o centroavante Dario que, com um sem-pulo, fez o gol.

Os defensores do Botafogo pareciam hipnotizados. Acordaram com os gritos da torcida. Na verdade, eles passaram alguns segundos tentando descobrir o caminho da bola. Para quem assistia ao jogo das arquibancadas, ela havia descrito uma parábola, em câmara lenta. Para os jogadores do Botafogo, ela havia simplesmente sumido, como desaparecem os objetos nas mãos dos mágicos. Desaparecem para reaparecer logo ali, nos lugares mais inesperados.

Ademir era assim. Muitos comentaristas da época diziam que ele era lento. Mas João Cabral de Melo Netto, em seu famoso poema, descobriu que a lentidão de Ademir apodrecia o adversário por dentro, corroía as entranhas do inimigo até deixá-lo prostrado, sem forças.

Na famosa decisão de 1974, quando o Corinthians buscava o título depois de vinte anos, Ademir e seu eterno companheiro

Dudu, juntos, imobilizaram a garra corintiana, enredando a fúria nas armadilhas da ansiedade do gol que não saía e, depois, na apatia e no desalento. Rivelino, um craque de talento também indiscutível, nunca mais jogou no Corinthians, numa destas injustiças que só o futebol pode preparar.

Anos depois, Zé Maria, o grande lateral direito do Corinthians, confessou-me que nunca havia visto, nem sentido, com tanta força, a omnipresença emoliente daquele prestidigitador de largas passadas. "Era incrível", contava, "mas a bola parecia não querer sair dos pés dele e nós desesperados para ganhar o jogo. Não conseguimos."

2
Superioridade definitiva*

O Corinthians até pode sair do campo amanhã classificado para a final da Libertadores.[1] Isto não tem a menor importância, não muda coisa alguma. O Palmeiras, desde que foi Palestra, nasceu para ser grande. Grande demais para se preocupar com o contingente.

Vejam que há diferença fundamental entre o espírito das duas torcidas. Os corintianos estão sempre acachapados entre a esperança da glória suprema e o temor do fracasso. Bem me lembro dos 23 anos de fila em que os alvinegros saíram do êxtase para o desespero em poucos minutos, entre a cabeçada do Leivinha e o chute de Ronaldo, naquele inesquecível 1 × 0 de 22 de dezembro

---

* Publicado originalmente em *A Gazeta Esportiva* (s. d.).

1 Referência à semifinal da Taça Libertadores da América de 2000. O Palmeiras venceu o Corinthians na decisão por *penalties* e foi à final com o Boca Juniors.

de 1974. Foi o que se viu na decisão por penalidades do ano passado:[2] estavam apavorados. É o que provavelmente vai acontecer amanhã, quando eles perceberem que estão decidindo a vaga contra aquelas onze fatídicas camisetas alviverdes.

Falo das onze camisas porque elas bastam para provocar tremedeiras nos adversários. Assim foi em 1942. Obrigado a mudar de nome por razões políticas às vésperas de uma decisão com o São Paulo, todos pensaram que o velho Palestra – o novo Palmeiras – estava morto. Enfiamos 3 × 1 neles. Inconformados com a marcação de uma penalidade, os tricolores abandonaram o campo.

Descendentes de Dante, Leopardi e Lampedusa, para não falar de Visconti e Fellini, os palmeirenses verdadeiros são mestres da crítica e da irreverência com o próprio time.

A primeira regra é não consagrar qualquer um, provisoriamente vestindo a gloriosa camisa alviverde. Prestem atenção nos nomes que vêm a seguir: Romeu, Villadonica, Jair da Rosa Pinto, Chinesinho, Ademir da Guia, Mazinho, Rivaldo, Djalminha, Alex. Várias gerações de craques refinados, artistas da bola, comparáveis na arte de criar aos incomparáveis Leonardo da Vinci e Michelangelo. O segundo ensinamento que todo palmeirense autêntico deve seguir é o que nos distingue dos comuns: tratar a amargura com humor e autoironia, atitude própria dos que conhecem as limitações da condição humana. Mas é exatamente isso que preserva a nossa superioridade definitiva, acima de qualquer resultado contingente.

---

2 Referência às quartas de final da Taça Libertadores da América de 1999, em que o Palmeiras eliminou o Corinthians na decisão por *penalties*.

3
C'era una volta l'America*

O velho Francisco Serra costumava atirar contra a parede mais próxima o radinho de pilha quando o seu Palestra perdia jogos decisivos. O "seu" Francisco, o leitor deve ter suspeitado, é o pai do ministro da Saúde, José Serra. O que vale um radinho, ou até mesmo um equipamento mais sofisticado e caro, diante das tragédias esportivas que o "Verdão" apronta? Nenhum outro torcedor pode imaginar o significado das nossas derrotas trágicas. Não nos acode, nestas ocasiões, aquela pretensão de superioridade oligárquica dos são-paulinos nem aquele alento da fé na força das maiorias que acomete os corintianos. (O meu amigo Mino Carta às vezes lembra que, rapazote, mal chegado da Itália, ficava impressionado com os tricolores quatrocentões. Apesar de sua impostada superioridade, tinham o hábito de sapatear sobre os

---

* Publicado originalmente no *Diário Popular* (s. d.).

chapéus caríssimos, importados da Inglaterra, quando o São Paulo perdia do time dos carcamanos.)

Vou tentar explicar a singularidade das nossas derrotas. É duro perder uma classificação aos 43 minutos do segundo tempo, depois de estar perdendo por dois a zero, conseguir o empate e ganhar a vantagem da expulsão de um jogador adversário.[1] Eu, por exemplo, tive impulsos de atirar objetos contundentes na cabeça do Roque Júnior.[2] Mas, se conheço bem a "turma do Patriarca", nenhum de nós tinha a intenção de ferir de verdade os alvos ocasionais de nossos ataques. Eles eram apenas encarnações da derrota, fonte de nossas frustrações momentâneas, que trazem sempre consigo aquela conflagração de sentimentos, angústias dos que foram obrigados a deixar a sua terra e encontraram nesta parte tropical da América um novo mundo, aberto ao sofrimento quase solitário do desterro e à esperança do progresso pessoal. Estamos, em nosso individualismo de carbonários, sempre caminhando perigosamente entre o delírio das conquistas inesquecíveis e a mais abominável depressão dos fracassos definitivos.

O torcedor José Serra atirou o radinho de pilha na cabeça do Felipão[3] depois do jogo Palmeiras e Cruzeiro. Foi injusto. O Felipão tem conseguido tirar o máximo do time que tem. Essa conversa de que o técnico do Palmeiras é retranqueiro não resiste a uma análise superficial. O Luís Felipe vive mandando a defesa se adiantar, encostar no ataque, encurtar os espaços do adversário. Os jogadores do meio de campo e da defesa, não se sabe por quê,

---

1 Referência à semifinal da Copa do Brasil de 2000, em que o Palmeiras – mesmo com o benefício do empate na partida decisiva – foi eliminado pelo Cruzeiro.

2 Para muitos palmeirenses (entre os quais o professor Belluzzo, como se depreende), o zagueiro Roque Jr. teria falhado no terceiro gol do Cruzeiro.

3 Após a partida, o então ministro da Saúde José Serra – inconformado – responsabilizou o técnico do Palmeiras (Luís Felipe Scolari) pela derrota, acusando-o de "retranqueiro". A resposta de Scolari foi ácida: "Boa é a situação da saúde no Brasil...".

Ensaios sobre o capitalismo no século XX

teimam em ficar na linha da grande área, esperando o adversário. O Felipão gritava, depois do empate: "Vamos sair e matar os caras". Quem entende de futebol percebia que o Cruzeiro estava quase morto. Ressuscitou por conta da falta de condições físicas, da preguiça ou da burrice de alguns jogadores do Palmeiras. O Felipão respondeu ao ministro, não ao torcedor. Um equívoco. Quando o Palestra entra em campo não tem presidente, nem ministro, nem juiz, nem delegado. Está lá a multidão dos Scolari, dos Gianonni, dos Beni, dos Frugiuelli, dos Sandoli, dos Serra, dos Contursi, dos Facchina, dos Pelegrinni, dos Raiola e *tutti quanti*.

Termino com uma pequena história familiar. História verdadeira. Levava meu filho Carlos Henrique para o colégio, na sexta--feira, um dia depois da derrota. Perguntei ao garoto se ainda queria ver as finais da Copa Mercosul. Ele me respondeu enigmático:

– Só se você me der um estilingue de presente.

– Estilingue? O que você vai fazer com isso num jogo de futebol?

– Quero dar uma "estinlingada" no barbudo que fica nos camarotes, xingando o Oséas.

Tentei explicar que o barbudo, à sua moda, tem o direito de torcer. O menino não se convenceu. Aí decretei: – Meu filho, cada palmeirense tem um barbudo no fundo da alma. Deixa o barbudo em paz...

4
Canhoteiro*

Quando o maranhense Canhoteiro desembarcou em São Paulo, lá pelos idos de 1954, a cidade comemorava o IV Centenário. Os bondes trafegavam orgulhosos com a inscrição "São Paulo, a Cidade que mais cresce no mundo". Os paulistanos, com seus chapéus Ramenzoni ou Prada, ternos escuros e gravatas, esforçavam-se para corresponder à imagem de um povo afanoso e apressado, empenhado em cuidar do progresso do Brasil. Naquele tempo, a silhueta dos edifícios do Banco do Estado de São Paulo e do Banco do Brasil já havia obscurecido a figura outrora imponente do velho Martinelli. As chaminés espetavam os céus da cidade da zona leste ao Ipiranga, da Lapa a Santo Amaro. Nem por isso, lembra bem Renato Pompeu, a oligarquia

---

* Publicado originalmente sob o título de: Nostalgia do conhecimento. *CartaCapital*, 26 nov. 2003.

paulista – derrotada na Revolução de 1932 – deixou de cultivar ressentimentos contra o então presidente Getúlio Vargas.

Era, então, enorme a distância entre Rio de Janeiro e São Paulo. Distância de hábitos, costumes, estilo de vida. (Lembro-me, estudante do Colégio Santo Inácio e seminarista dos jesuítas, no Rio, que o Irmão Coadjutor responsável pela "despensa" do Aloisianum manifestou estupefação quando sugeri que incluísse a escarola entre os pertences da salada.) Mas o Rio era a capital da República, referência política e cultural do país. São Paulo era a adolescente recém-enriquecida e mal chegada da Província, falando com um sotaque entre o italianado e o acaipirado. Ensaiava, acanhada e desajeitada, o seu novo papel de metrópole.

O *Canhoteiro*, de Renato Pompeu, é um estudo nostálgico daquele momento da vida brasileira, paulista e paulistana. Digo nostálgico com aprovação, porque o bom ensaio de memórias não deve pretender uma interpretação sociológica, mas muito mais do que isso. Renatão consegue recuperar, pelo menos para quem viveu aquela era, o clima da cidade que começava a tomar consciência de suas transformações e das mudanças que ocorriam no país. Havia, sim, um "progressismo" ingênuo que caminhava lado a lado com a discussão intensa sobre os rumos da modernização. Isso se acentuou nos anos do governo de Juscelino Kubitschek, quando a industrialização de São Paulo avançou, de fato, cinquenta anos em cinco, com o desenvolvimento da indústria de bens duráveis, sobretudo com a chegada da automobilística e o avanço do setor de bens de capital.

No futebol, a rivalidade entre cariocas e paulistas era feroz, doentia. As convocações para a Seleção Brasileira eram a hora em que a paixão e os golpes baixos davam o tom. Os paulistas costumavam levar a pior. Reclamaram muito de Flávio Costa, que chamou quase todo o time do Vasco da Gama para a Seleção de 1950 e deixou de fora os paulistas como Cláudio Cristóvam de Pinho, então ponta-direita do Corinthians, e o palmeirense Waldemar Fiume, o Pai da Bola.

Os paulistas vingavam-se no Rio-São Paulo e no Campeonato Brasileiro de Seleções. Até 1957 – quando o Fluminense de Castilho, Valdo e Escurinho quebrou o encanto –, nenhum clube carioca havia vencido o torneio interestadual, reiniciado em 1950. O Maracanã, o templo do futebol, ficou conhecido como Recreio dos Bandeirantes.

Em 1954, a Seleção Paulista, comandada por um "carioca" do Estado do Rio, Jair da Rosa Pinto, o Jajá de Barra Mansa, venceu o Campeonato Brasileiro de Seleções. O jogo final, como sempre, foi marcado para o Rio de Janeiro. Naquela noite de quarta-feira, a Pauliceia nem piscava os ouvidos colados no rádio, esperando a narração de Pedro Luís. (Podem crer: Paulistas *versus* Cariocas era tão ou mais importante do que Brasil *versus* Argentina ou Uruguai.) Meu tio Luis Mello, são-paulino, estava pálido, suava frio e só abriu a boca quando Julinho, depois de driblar o incomparável Nilton Santos, cruzou para Baltazar, de meia-puxeta, com se dizia então, fazer o quarto gol, o da vitória. Quando a bola ainda viajava entre os pés de Júlio Botelho e a "virada" de Baltazar, meu tio gritou "gol!", segundos antes do rapidíssimo Pedro Luís e, portanto, antes de o grande locutor anunciar que a "redonda venceu a vigilância do guarda-metas Osni".

Renato Pompeu observa que,

acima de ter sido a era do rádio e dos jornais esportivos, a era dos bares de calçada e a era da democracia nacionalista, a era Canhoteiro se confundiu, na história da cidade e na vida da grande massa da população, com a era dos ônibus. Além do rádio, que nem todos tinham, e dos jornais, que nem todos liam, a fama de Canhoteiro espalhou-se nas conversas entre os passageiros de ônibus.

De fato, São Paulo começava a assumir as feições de uma metrópole de massas. O problema do transporte coletivo já importunava o povo da cidade e não raro eclodiam manifestações violentas contra o aumento das passagens de ônibus. A influência dos meios de comunicação era crescente. O rádio era sem dúvida o mais importante, mas já na segunda metade dos anos 50, no período Juscelino, a televisão ganhava o seu lugar nas casas da classe média e até dos trabalhadores paulistanos.

Os jogos realizados na capital e mesmo em algumas cidades do interior eram transmitidos ao vivo. Foi assim que consegui ver a famosa decisão de 1957 entre São Paulo e Corinthians, o "jogo das garrafadas", que Renato descreve tão bem no seu livro. Nessa partida, vencida pelo São Paulo por 3 a 1, Canhoteiro fez o segundo gol, num passe de Zizinho. Canhoto, como Mestre Ziza o chamava, atormentou, mais uma vez, o seu marcador Idário. Tento lembrar dos lances do jogo. Minha memória registra – e não sei se me trai – a desastrada "voadora" de Idário sobre Canhoteiro; o gol de Maurinho, o terceiro; a corrida indignada de Gilmar sobre o ponta-direita do São Paulo, que antes de chutar perguntou qual o canto preferido pelo goleiro corintiano. Na sequência, a chuva de garrafas que se derramou nas então chamadas gerais do Pacaembu.

O ano esportivo de 1957 deve ser lembrado não apenas pelas grandes decisões acontecidas no Rio e em São Paulo. No Rio de Janeiro o Botafogo, sem ganhar um campeonato desde 1948, massacrou o Fluminense na final: 6 a 2, com três gols de Paulo Valentim e uma exibição de Garrincha que seria qualificada pelos locutores da época de sensacional. Foi também em 1957 o ano em que Pelé surgiu para o futebol profissional e estreou na Seleção Brasileira, num jogo pela Copa Rocca, em que a Argentina venceu o Brasil por 2 a 1. Nesse momento, na verdade, estava terminando a geração que disputou o Mundial de 50 e nasciam os campeões do mundo de 1958 e 1962.

Canhoteiro estava certamente entre os grandes do seu tempo. Zizinho, que só o conheceu de verdade quando veio jogar no São Paulo de Bella Guttman, não teve dúvidas em compará-lo a Garrincha. Ele dizia e repetia que o *Canhoto* era o Garrincha da ponta-esquerda. Canhoteiro não foi feliz na Seleção Brasileira. Mas isso não quer dizer nada. Outros grandes como ele, como

Cláudio Cristóvam de Pinho, Pepe e Ademir da Guia, não fizeram sucesso em seleção, assim como muito jogador mediano – não vou citar nomes – foi campeão do mundo.

O que importa para o torcedor, aquele que não só é adepto de um time, mas apaixonado pelo jogo da bola, é degustar a arte do grande jogador.

Meninos eu vi, diria o nosso Juca Kfouri, o Canhoto matar um tiro de meta do goleiro Poy, no bico da chuteira, e, com a bola grudada no pé esquerdo, dar um lençol no lateral Jorge, do América do Rio. Garoava naquela quarta-feira, o Pacaembu às moscas, ouviam-se os gritos dos jogadores em campo. O Mago achou que era justo dar um espetáculo exclusivo para as valentes testemunhas são-paulinas e para o palmeirense que ora escreve estas maltraçadas.

Referências temáticas

História

A Segunda Revolução Industrial e o padrão-ouro clássico

BELLUZZO, L. G. Remember 30. *Revista Senhor*, São Paulo, 6 jul. 1983.

_____. O fim da moral vitoriana. *CartaCapital*, São Paulo, 11 dez. 1996.

_____. O dinheiro e as transfigurações da riqueza. In: TAVARES, M. C., FIORI, J. L. (Org.) *Poder e dinheiro*: uma economia política da globalização. Petrópolis: Vozes, 1997. p.163-5.

_____. Odores desagradáveis no ar. *CartaCapital*, São Paulo, 14 out. 1998.

_____. Prefácio. In: MANTEGA, G., REGO, J. M. (Org.) *Conversas com economistas brasileiros II*. São Paulo: Editora 34, 1999. p.14.

_____. Finança global e ciclos de expansão. In: FIORI, J. L. (Org.) *Estados e moedas no desenvolvimento das nações*. Petrópolis: Vozes, 1999. p.92-6.

_____. Prefácio. In: ASSIS, J. C. *A quarta via*. São Paulo: Textonovo Editora, 2000. p.11.

BELLUZZO, L. G. O inimigo assusta os mercados. *CartaCapital*, São Paulo, 26 set. 2001.

BELLUZZO, L. G., ALMEIDA, J. G. *Depois da queda*: a economia brasileira da crise da dívida aos impasses do real. Rio de Janeiro: Civilização Brasileira, 2002. p.57-9.

Anos 20, 30, Nazismo e New Deal

BELLUZZO, L. G. Remember 30. *Revista Senhor*, 6 jul. 1983.

_____. *O senhor e o unicórnio*. São Paulo: Brasiliense, 1984. p.30-2.

_____. O declínio de Bretton Woods e a emergência dos mercados "globalizados". *Economia e Sociedade* (Campinas), 4, p.11, jun. 1995.

_____. O dinheiro e as transfigurações da riqueza. In: TAVARES, M. C., FIORI, J. L. (Org.) *Poder e dinheiro*: uma economia política da globalização. Petrópolis: Vozes, 1997. p.165-7.

_____. Odores desagradáveis no ar. *CartaCapital*, São Paulo, 14 out. 1998.

_____. Fim de século. *São Paulo em Perspectiva* (São Paulo), v.12, n.2, p.22, 1998.

_____. Assim caminha a humanidade. *Folha de S.Paulo*, São Paulo, 22 mar. 1998.

_____. Finança global e ciclos de expansão. In: FIORI, J. L. (Org.) *Estados e moedas no desenvolvimento das nações*. Petrópolis: Vozes, 1999. p.96-8.

_____. O banqueiro de Hitler. *CartaCapital*, São Paulo, 24 nov. 1999.

_____. Imperialismo e cosmopolitismo. In: LUCAS, F., BELLUZZO, L. G. (Org.) *A guerra do Brasil*. São Paulo: Textonovo Editora, 2000, p.47-8.

_____. A economia no Estado nazista. *CartaCapital*, São Paulo, 12 abr. 2000.

_____. O inimigo assusta os mercados. *CartaCapital*, São Paulo, 26 set. 2001.

BELLUZZO, L. G., ALMEIDA, J. G. *Depois da queda*: a economia brasileira da crise da dívida aos impasses do real. Rio de Janeiro: Civilização Brasileira, 2002. p.57-9.

Golden Age

BELLUZZO, L. G. O declínio de Bretton Woods e a emergência dos mercados "globalizados". *Economia e Sociedade* (Campinas), 4, p.11-4, jun. 1995.

BELLUZZO, L. G. Prefácio. In: OLIVEIRA, C. A. B., MATTOSO, J. E. L. (Org.) *Crise e trabalho no Brasil*. São Paulo: Scritta, 1996. p.10.

_____. O dinheiro e as transfigurações da riqueza. In: TAVARES, M. C., FIORI, J. L. (Org.) *Poder e dinheiro*: uma economia política da globalização. Petrópolis: Vozes, 1997. p.167-71.

_____. Fim de século. *São Paulo em Perspectiva* (São Paulo), v.12, n.2, p.22-3, 1998.

_____. Assim caminha a humanidade. *Folha de S.Paulo*, São Paulo, 22 mar. 1998.

_____. Finança global e ciclos de expansão. In: FIORI, J. L. (Org.) *Estados e moedas no desenvolvimento das nações*. Petrópolis: Vozes, 1999. p.98-101.

_____. Certezas graníticas. *Folha de S.Paulo*, São Paulo, 30 maio 1999.

_____. Prefácio. In: ASSIS, J. C. *A quarta via*. São Paulo: Textonovo Editora, 2000. p.12-3.

_____. Imperialismo e cosmopolitismo. In: LUCAS, F., BELLUZZO, L. G. (Org.) *A guerra do Brasil*. São Paulo: Textonovo Editora, 2000. p.46-7, 52-3.

_____. O inimigo assusta os mercados. *CartaCapital*, São Paulo, 26 set. 2001.

BELLUZZO, L. G., ALMEIDA, J. G. *Depois da queda*: a economia brasileira da crise da dívida aos impasses do real. Rio de Janeiro: Civilização Brasileira, 2002. p.59-62.

Fim do consenso keynesiano

BELLUZZO, L. G. O declínio de Bretton Woods e a emergência dos mercados "globalizados". *Economia e Sociedade* (Campinas), 4, p.14-5, jun. 1995.

_____. Prefácio. In: OLIVEIRA, C. A. B., MATTOSO, J. E. L. (Org.) *Crise e trabalho no Brasil*. São Paulo: Scritta, 1996. p.10-3.

_____. O dinheiro e as transfigurações da riqueza. In: TAVARES, M. C., FIORI, J. L. (Org.) *Poder e dinheiro*: uma economia política da globalização. Petrópolis: Vozes, 1997. p.171-5, 186.

_____. Fim de século. *São Paulo em Perspectiva* (São Paulo), v.12, n.2, p.23, 1998.

BELLUZZO, L. G. Assim caminha a humanidade. *Folha de S.Paulo*, São Paulo, 22 mar. 1998.

_____. Prefácio. In: MANTEGA, G., REGO, J. M. (Org.) *Conversas com economistas brasileiros II*. São Paulo: Editora 34, 1999. p.14-6.

_____. Finança global e ciclos de expansão. In: FIORI, J. L. (Org.) *Estados e moedas no desenvolvimento das nações*. Petrópolis: Vozes, 1999. p.101-4.

_____. Imperialismo e cosmopolitismo. In: LUCAS, F., BELLUZZO, L. G. (Org.) *A guerra do Brasil*. São Paulo: Textonovo Editora, 2000. p.47-8.

_____. O inimigo assusta os mercados. *CartaCapital*, São Paulo, 26 set. 2001.

BELLUZZO, L. G., TAVARES, M. C. Desenvolvimento no Brasil – relembrando um velho tema. In: BIELSCHOWSKY, R., MUSSI, C. (Org.) *Políticas para a retomada do crescimento*: reflexões de economistas brasileiros. Brasília: Ipea (Escritório da Cepal no Brasil), 2002. p.151-3.

Capitalismo desregulado

BELLUZZO, L. G. O declínio de Bretton Woods e a emergência dos mercados "globalizados". *Economia e Sociedade* (Campinas), 4, p.15-20, jun. 1995.

_____. Prefácio. In: OLIVEIRA, C. A. B., MATTOSO, J. E. L. (Org.) *Crise e trabalho no Brasil*. São Paulo: Scritta, 1996. p.13-9.

BELLUZZO, L. G., COUTINHO, L. G. Desenvolvimento e estabilização sob finanças globalizadas. *Economia e Sociedade* (Campinas), n.7, p.129-54, dez. 1996.

BELLUZZO, L. G. O dinheiro e as transfigurações da riqueza. In: TAVARES, M. C., FIORI, J. L. (Org.) *Poder e dinheiro*: uma economia política da globalização. Petrópolis: Vozes, 1997. p.175-92.

_____. Fim de século. *São Paulo em Perspectiva* (São Paulo), v.12, n.2, p.23-6, 1998.

_____. Assim caminha a humanidade. *Folha de S.Paulo*, São Paulo, 22 mar. 1998.

BELLUZZO, L. G., COUTINHO, L. G. "Financeirização" da riqueza, inflação de ativos e decisões de gasto em economias abertas. *Economia e Sociedade* (São Paulo), 11, p.137-50, dez. 1998.

BELLUZZO, L. G. Prefácio. In: MANTEGA, G., REGO, J. M. (Org.) *Conversas com economistas brasileiros II*. São Paulo: Editora 34, 1999. p.16-25.

_____. Finança global e ciclos de expansão. In: FIORI, J. L. (Org.) *Estados e moedas no desenvolvimento das nações*. Petrópolis: Vozes, 1999. p.105-16.

_____. Imperialismo e cosmopolitismo. In: LUCAS, F., BELLUZZO, L. G. (Org.) *A guerra do Brasil*. São Paulo: Textonovo Editora, 2000. p.48-56.

_____. O inimigo assusta os mercados. *CartaCapital*, 26 set. 2001.

BELLUZZO, L. G., TAVARES, M. C. Desenvolvimento no Brasil – relembrando um velho tema. In: BIELSCHOWSKY, R., MUSSI, C. (Org.) *Políticas para a retomada do crescimento*: reflexões de economistas brasileiros. Brasília: Ipea (Escritório da Cepal no Brasil), 2002. p.153-8.

O Mal-estar da Globalização

BELLUZZO, L. G. O declínio de Bretton Woods e a emergência dos mercados "globalizados". *Economia e Sociedade* (Campinas), 4, p.11-20, jun. 1995.

_____. Prefácio. In: OLIVEIRA, C. A. B., MATTOSO, J. E. L. (Org.) *Crise e trabalho no Brasil*. São Paulo: Scritta, 1996. p.9-19.

_____. O dinheiro e as transfigurações da riqueza. In: TAVARES, M. C., FIORI, J. L. (Org.). *Poder e dinheiro*: uma economia política da globalização. Petrópolis: Vozes, 1997. p.163-5.

_____. Fim de século. *São Paulo em Perspectiva* (São Paulo), v.12, n.2, p.21-6, 1998.

_____. Prefácio. In: MANTEGA, G., REGO, J. M. (Org.) *Conversas com economistas brasileiros II*. São Paulo: Editora 34, 1999. p.13-25.

_____. Finança global e ciclos de expansão. In: FIORI, J. L. (Org.) *Estados e moedas no desenvolvimento das nações*. Petrópolis: Vozes, 1999. p.87-117.

BELLUZZO, L. G. Prefácio. In: ASSIS, J. C. *A quarta via*. São Paulo: Textonovo Editora, 2000. p.9-17.

_____. Imperialismo e cosmopolitismo. In: LUCAS, F., BELLUZZO, L. G. (Org.) *A guerra do Brasil*. São Paulo: Textonovo Editora, 2000. p.45-56.

Críticos

Keynes

BELLUZZO, L. G. Prefácio. In: OLIVEIRA, C. A. B., MATTOSO, J. E. L. (Org.) *Crise e trabalho no Brasil*. São Paulo: Scritta, 1996. p.16-9.

_____. O dinheiro e as transfigurações da riqueza. In: TAVARES, M. C., FIORI, J. L. (Org.) *Poder e dinheiro*: uma economia política da globalização. Petrópolis: Vozes, 1997. p.153-62.

_____. Finança global e ciclos de expansão. In: FIORI, J. L. (Org.) *Estados e moedas no desenvolvimento das nações*. Petrópolis: Vozes, 1999. p.96-110.

_____. Prefácio. In: BRAGA, J. C. S. *Temporalidade da riqueza*. Campinas: Instituto de Economia UNICAMP, 2000. p.11-28.

BELLUZZO, L. G., ALMEIDA, J. G. Enriquecimento e produção: Keynes e a dupla natureza do capitalismo. In: *Macroeconomia moderna*: Keynes e a economia contemporânea. Rio de Janeiro: Campus, 1999. p.247-57.

_____. *Depois da queda*: a economia brasileira da crise da dívida aos impasses do real. Rio de Janeiro: Civilização Brasileira, 2002. p.27-91.

Marx

BELLUZZO, L. G. *Valor e capitalismo*: um ensaio sobre a economia política. Rio de Janeiro: Brasiliense, 1980. p.75-117.

_____. Prefácio. In: RUBIN, I. I. *A teoria marxista do valor*. Polis: Rio de Janeiro, 1980. p.9-12.

_____. Prefácio. In: BRAGA, J. C. S. *Temporalidade da riqueza*. Campinas: Instituto de Economia UNICAMP, 2000. p.11-28.

Polanyi

BELLUZZO, L. G. Prefácio. In: OLIVEIRA, C. A. B., MATTOSO, J. E. L. (Org.) *Crise e trabalho no Brasil*. São Paulo: Scritta, 1996. p.10.

BELLUZZO, L. G. Fim de século. *São Paulo em Perspectiva* (São Paulo), v.12, n.2, p.22, 1998.

Gray

BELLUZZO, L. G. Prefácio. In: ASSIS, J. C. *A quarta via*. São Paulo: Textonovo Editora, 2000. p.16.

Hobson

BELLUZZO, L. G. Finança global e ciclos de expansão. In: FIORI, J. L. (Org.) *Estados e moedas no desenvolvimento das nações.* Petrópolis: Vozes, 1999. p.89-92.

TAVARES, M. C., BELLUZZO, L. G. Capital financeiro e empresa transnacional. *Revista Temas*, São Paulo, n.9, 1980.

SOBRE O LIVRO

Formato: 14 x 21 cm
Mancha: 23 x 44,5 paicas
Tipologia: Iowan Old Style 10/14
Papel: Offset 75 g/m² (miolo)
Cartão Supremo 250 g/m² (capa)
1ª edição: 2004

EQUIPE DE REALIZAÇÃO

Coordenação Geral
Sidnei Simonelli

Produção Gráfica
Anderson Nobara

Edição de Texto
Viviane Oshima (Preparação de Original)
Ada Santos Seles e
Ana Paula Castellani (Revisão)
Oitava Rima Prod. Editorial (Atualização Ortográfica)

Editoração Eletrônica
Oitava Rima Prod. Editorial

Impressão e acabamento